ボロ物件でも高利回り

入居率95%を誇る非常識なノウハウ

激安アパート経営

借金不要!

加藤ひろゆき
HIROYUKI KATO

ダイヤモンド社

ボロ物件もリフォームでお宝に変わる

ナウでヤングなカラーリングにすれば、入居率は抜群にUP！

950万円のアパート、利回りは30.95％

380万円の貸家、利回りは23.68％

「鬼のような指値」で、
（商標登録申請予定）

激安物件をさらに激安にする！

売値250万円→55万円で買った貸家（値引率78％OFF）、利回り109.09％

売値700万円→500万円で買ったアパート（値引率28％OFF）、利回りは35.28％

売値1600万円→1200万円で買ったアパート（値引率25％OFF）、利回りは27.5％

売値50万円→20万円で買った貸家（値引率60％OFF）、利回りは222％

はじめに

「財務がタイトだ」

「巨額な借金が恐ろしい」

「貯金がナイ」

あなたは、こんな言い訳をして、アパート経営や大家への道をあきらめていないないだろうか？

そんなことはナイ。

根性と**情熱**と、貯金が一〇〇万円あれば、誰でも参入できる。

事実、ワタクシ自身、二〇万円の戸建、五五万円の戸建、二二〇万円のアパートメント

を購入している。

競売でもナイ。

リートでもナイ。

借地権でもナイ。

市場に出てきた物件に対して、「鬼のような指値」（商標登録申請予定）を入れ、売主様も満足をして**極めて円満**に物件を購入しているだけだ。

実際、ワタクシ自身、一九九七年一〇月、約六年間のハリウッドでの俳優生活に挫折し、生きて祖国の土を再び踏んだ時の所持金は、たった二〇〇ドルだった。餓死寸前で帰国シタ。

大学新卒で入社した某外資系大企業を、三年八カ月で卒業し、一九九二年一月、渡米。外資系企業での過酷な「労働力投入」で貯金した約五〇〇万円を持っていった。

ロサンゼルスで、偏差値の低い公立のLAバレー大学に通い、芸術を専攻しながら、ハリウッドで映画、CF、ミュージック・ビデオのオーディションを約二〇〇本受けた。

そのうち、約五〇本に合格して、撮影現場に行った。

時には、メジャーな仕事もGETした。コカ・コーラのCM、マドンナやジャネット・ジャクソンのミュージック・ビデオ、HONDAやテカテ・ビールのCM。

一本のCMで、六〇〇〇ドルや八〇〇〇ドルの出演料をいただいたこともあった。

今は亡きソニーの盛田昭夫会長、撃墜王で大空のサムライ坂井三郎さん。

王貞治さん、ビートたけしさん、坂本龍一さん、杏里さん、X-JAPANのヨシキさんなど、多数の有名人に会って対話した。

一流の芸能人気取りだった。

お金持ちになれると思い、プール付きの一軒家に住み、黄金のメルセデス・ベンツ450SELや、白いキャデラックにも乗っていた。

しかし、一九九六年頃から仕事も減少。役者以外の仕事はしないと決めていたが、貧困のため、後半は中古車の買い付けや、ツアー・ガイドの「労働力投入」をしていた。

ニセモノの金持ちで、ニセモノの芸術家だった。

ロサンゼルスで借りていた部屋の六〇〇ドルの家賃も遅れ気味になった。食事も満足にできず、体力を消耗しないよう、常に布団の上に横になって、枕元に水と電話を置いていた。

猿岩石状態だった。

その頃、父も入院し、母方の祖父も他界。それをきっかけに、日本に帰国することにした。

あのままロサンゼルスにいたら、多分、餓え死にしていたと思う。

資産だと思っていた白いキャデラックを売却して、旅費をつくった。五七〇〇ドルで購入したキャデラックの売却時の値段は、二五〇〇ドルにしかならなかった。

……みじめだった。

日本に戻る飛行機の中で、無性に不動産が欲しくなった。不動産があれば、ハリウッドで俳優を続けられたと悔やんでもみた。しかし、帰国時の所持金はたった二〇〇ドル。不動産を買える財力はまったくナイ。

これからどうしようと途方に暮れた。

日本に帰ってきてからは、もっと大変だった。

はじめに

一九九七年、北海道拓殖銀行が破綻した直後の北海道経済は冷え込み、パッと出のアメリカ帰りに、まともな就職口もなかった。

またアメリカに戻ろうと思い、短期で高収入の仕事を探した。それには、まず手に職をつけようと、普通二種免許（タクシーの運転手など）の取得を考えた。ただ、教習所に通う資金がなかったので、直接、普通二種免許を運転免許試験場で受けた。

しかし、まったく役に立たなかった。

ハリウッドでモデルや女優とはしゃいでいた、華やかだった時代を思い出すたびに、現状とのギャップを嘆いた。

「お前はいつから、そんなにだらしなくなったんだ！　情けない」

厳格だった父は、いつも怒っていた。

中学生の時、毎朝、早起きをして、朝刊の新聞配達をしていた。視界がほとんどゼロの猛吹雪の中、腰にロープを付け、新聞を乗せたソリを引き、五〇センチくらいの積雪の中を配達したこともあった。

勤勉だった昔を知る父と、なるべく顔を合わせないようにした。

うだつのあがらないアルバイト生活を三年くらい続けていた頃、某出版社の札幌支店で営業の仕事に就いた。

本が好きだった父は、出版社の正社員になったことを喜んだ。定年まで真面目に働いて、年金をもらえと指導された。

しかし、正社員とはいえ、中途採用の給料は安く、過酷なノルマとサービス残業の「労働力投入」で体力を消耗した。人格の破綻した、変な部長のくだらない作戦も無性に腹が立った。

それでも、父を喜ばせるために、根性で働いた。

就職して数カ月後、父が脳梗塞で倒れた。

すぐに回復すると思ったが、ＩＱが低下したまま、元に戻らなかった。家に帰ると、父の介護もあった。

度重なる不幸が続いた。

なんのためにつとめ人の世界に戻ったのか、わからなくなった。

そんな二〇〇三年の七月、ロバート・キヨサキ氏の『金持ち父さんの若くして豊かに引退する方法』（筑摩書房）を、小樽市銭函の海の家で日光浴をしながら読んだ。

三〇九ページの「不動産の買い方」を読んで、体内に電撃が走った。

「このうだつの上がらない現状を打破するために、不動産を買うしかない」

なにか抑圧された世界から解放された感じがした。

その直後から猛勉強して、すぐにアパートメントを探し始めた。

約一年間で八〇棟、現場まで調査に行った。八〇棟目に五回目の買い付けを入れ、一棟目を購入できたのは、二〇〇四年七月のことだった。


病床の父に、物件の写真を見せた。

「お前がやりたいと思ったら、アパート経営をやれ。それで、土地は何坪だ？」

「七一坪です」

父は満足そうに頷いた。

これが、父と交わした最後のまともな言葉だ。その二カ月後の九月一九日、父は他界した。

その後、二年一カ月で八棟を購入し、現在は九棟所有している。

決済は、すべて現金だ。

そして、二〇〇六年一月に、つとめ人も卒業シタ。

この本では、そんな挫折した俳優で、ダメ人間だったワタクシが、どのようにして激安&高利回りアパートメントを現金で購入できたかを伝えたい。

激安&高利回り物件の入手方法、運営方法、「鬼のような指値」（商標登録申請予定）を入れる方法、激安リフォーム方法、「女子限定アパートメント」に班長制度を導入シタ理由などについて、今までの体験や失敗を踏まえて、あなたに伝授したい。

根性と情熱があれば、アパート経営は誰にでもできる。

ボロ物件でも高利回り　激安アパート経営

目次

第3章
現地調査でのチェックポイント……77

第4章
「鬼のような指値」で値引きする……95

第5章
高利回りは自分で創造する……127

第6章
効率的に入居者を集める方法……157

第7章 自主管理のススメ……183

終章 ハリウッドから大家さん生活へ……221

第1章

激安で不動産物件を手に入れる

不動産投資の敷居は高くない

昨今の不動産投資ブームで、**巨額なレバレッジ**をかけ、いかに銀行から**フルローン**、あるいは**オーバーローン**を引き出すかを指南する本も多い。どこか、バブルの頃と似ている。また、そんな**巨額の借金**は恐ろしいと思い、最初からあきらめている人も多い。

そんなことはない。不動産投資は、誰でも**簡単に参入**できる。

事実、ワタクシは、**土地付き一戸建て**を、**二〇万円**や**五五万円**という、**破格の値段で購入している**。もちろん、**最初からこの値段で売っていたわけではナイ**。

二五〇万円で売りに出されていた戸建に、**四〇万円**という指値を入れた。少し押し返されて、**五五万円**で購入。

また、**五〇万円**で売りに出されていた戸建に、**一五万円**という指値を入れて、少し押し

220万円のアパートメント

返されて、**二〇万円**で購入。どちらも**円満な決済**だった。表面利回りは、それぞれ**一〇九・〇九％**、**二二二％**でアル。

不動産を買う時に、これほど売値からかけ離れた指値をする人はいない。誰も、そんなに値下げはできないと思っているからだ。しかし、やってみたら意外に効果がアル。ワタクシは、このような思い切ったディスカウント手法**「鬼のような指値」（商標登録申請予定）**を使って、激安物件を購入している。

アパートメント一棟の最低購入価格は**二二〇万円**だ。

このように驚くような値段で、実際に買っている。これは**競売ではナイ**。**競売よりも安く購入**している。しかも、**円満**に。すべて、普通に**市場に出てきた物件**

だ。競売は、今まで二回入札したが、二回とも**玉砕**シタ。

市場に出てくる物件のほうが、競売に入札するより早いし、安い。縁起もいい。さらに売主様も大喜びだ。

市場に出てくる物件に対して「鬼のような指値」（商標登録申請予定）を入れる。ほとんど**玉砕**したが、たまに買える物件がアル。

この単純な作業を、**毎日、機械的に繰り返している**だけだ。

売りたい人から買うのが一番いい。流れがスムーズな上に、決済までが楽だ。ワタクシは北海道で物件を探しているが、北海道だから安いわけではない。全国どこでも、探そうと思えば激安物件を見つけることができる。これから述べる手法は、地域を問わずに使えるノウハウだ。

運命的なアパートメントとの出合い

ワタクシ自身も、二〇〇三年七月、アパートメントを購入しようと思い立った時、一棟が最低二〇〇〇万円以上するものだと思い込んでいた。

当然、銀行から二〇〇〇万円ぐらい借りなければ、不動産市場に参入できないと考えていた。

しかし、その後一年間で、約一〇〇〇枚の図面を分析し、八〇棟のアパートメントを現地まで調査に行った。そのうちの四本に買い付けを入れたが、二番手だったり、売主様が会ってくれなくなったり、「**売値に上乗せするから覆せオジサン**」が出てきてじゃまされたりして、アパートメントを購入できず、悔しい思いもシタ。

玉砕の連続だった。

そして二〇〇四年六月に、ついに、激安&高利回りで、**金銭的構造**がステキな物件に巡り合った。

札幌市東区
土地七一・三一坪
角地
建坪六〇坪
六気筒（六戸）
築一〇年
現状利回り一〇・〇八％
満室時利回り三〇・二四％
売り出し価格一〇〇〇万円

という物件だ。

それまでの体験上、どう考えても二〇〇〇万円前後の値段がついてもおかしくないと思われる物件が、なんと**破格の一〇〇〇万円**で売りに出ていたのだ。それも札幌市内で。

当時はまだつとめ人で、**過酷な「労働力投入」**から帰宅後、読売新聞北海道版の**三行広**

告でその物件を発見した時には、胸が高鳴った。その活字の部分だけ、オーラを放っているように感じた。

実はその翌日、余命数カ月と診断された父を励ます会（事実上の送別会）で、父方の親戚が一五名ほど温泉に集まる予定になっていた。しかし、すごく気になる物件だったので、参加が少し遅れると母に伝え、翌日午前、すぐに物件を見に行った。

現場に到着してビックリ。

外壁は朽ちて、石膏ボードの中の原材料が雨で溶けて流れ出していた。壁に白い模様が付着して、汚れていた。敷地内の駐車場には「フキ」が数十本、高さ二メートルくらいに伸びて、**ジャングル状態**だった。今にも旧日本兵が、**三八式歩兵銃**を持って出てきそうなほど生い茂っていた。

外壁のリフォームに、果たしていくらかかるかもまったく不明。おまけに六戸ある中で、入居はたったの二戸。

管理はズサン。錆びた自転車が敷地内に倒れたまま、**放置プレイを実施中**だ。駐車場を

ジャングル状態だった駐車場

舗装しているアスファルトも、凸凹が目立つ。

しかし、仲介業者に空き部屋の内部を見せてもらったら、意外とキレイだった。専有面積三三平米の広いワンルームだ。

風呂も広くて、床もフローリングだ。出窓もついている。収納も広い。

相場より、かなり低い売り出し価格の理由は、どうやら朽ちた外壁と荒れた敷地にある。売主様から、**まったくヤル気が感じられない物件**だった。

ただ、頑張って**「労働力投入」**すれば、なんとか運営できそうだと判断した。それまで見てきた八〇棟と比較して、どう考えても売値が安かった。その瞬間、買付証明を入れることに決めた。

アパートは一〇〇〇万円以下で買える

実はこの物件、満額で購入してもよかった。むしろ、一〇〇〇万円に若干上乗せしてもよかったが、それでは面白くない。そこで、仲介業者に打診シタ。

「買い付け価格は八〇〇万円でいかがでせうか？」

「先日、八五〇万円の買い付けで却下された公務員がいましたよ」

「では、九〇〇万円でいかがでせうか？」

「その金額であれば、売主様に買付証明書を持っていけます」

そこで、その場で書類に**九〇〇万円**と書き、**ローン特約、測量不要、現状渡し**で買付証明を入れた。

これまで一年間に四回、買い付けを入れて**すべて玉砕**していた。そんな苦い体験があったので、この物件がどうしても欲しかった。すぐに購入できることを仲介業者と売主様に証明したかった。この時、仲介業者に、

「若干の上乗せは可能。ひょっとしたら、現金で決済できるかもしれません」

といって、その時の全財産六〇〇万円が入っている**ＡＴＭのレシート**を見せた。このアパートメントは少し押し返されて、結局、**九五〇〇万円で購入**シタ。

これが最初の物件「Ｋｉ」である。

不足した資金は、もしも支払いが滞った場合は物件を引き渡すという条件で、祖母から約一・五％の金利で借りた。

購入後、九五万八〇〇〇円を投入して、外壁をナス紺に、ドアを淡い黄色に塗った。階段と縁取りを金色に塗装。**ナウでヤングな物件に改造**シタ。

購入時、一〇％前後だった表面利回りは、**現在満室で三〇・九五％**だ。

一棟目の利回りが三〇％を超えたことで、貯金が急速に貯まった。その後、二年一カ月で、合計九棟購入している。投入金額は少ないが、**すべて現金で決済**シタ。

購入後、アパートメントの向かいの家の主婦から、この物件の過去を聞いてみた。実はこの物件、最初は一六〇〇万円で売りに出されていたそうだ。

たとえ、その価格で購入しても、満室時一八・三四％でマワる。それでも悪くはナイ数字だ。

このように、一〇〇〇万円以下でも、アパートは買えるのだ。

実際に、ワタクシが購入した物件を安い順番に書いておこう（カッコ内の利回りはその後に変化したもの）。

- **二〇万円**の戸建……表面利回り二二二％（最高記録）
- **五五万円**の戸建……表面利回り一〇九・〇九％（八七・二七％に低下）
- 二二〇万円のアパートメント（三気筒）……表面利回り三八・七二％（二人退去し、一一・四五％に低下）
- 三八〇万円の戸建……表面利回り二三・六八％
- 五〇〇万円のアパートメント（六気筒改→四気筒）……表面利回り二三・〇四％
- 五〇〇万円のアパートメント（四気筒）……表面利回り三五・二八％（三四・五六％に低下）
- 七五〇万円のアパートメント（八気筒）……表面利回り三五・二％（三七・四七％に向上）
- 九五〇万円のアパートメント（六気筒）……表面利回り三〇・九五％
- 一二〇〇万円のアパートメント（六気筒、母所有）……表面利回り二七・五％

不動産はキャッシュで買う

ワタクシは前述のような物件を**破格の値段**で買っている。**平均利回りは三二・一九%**だ。三八〇万円の戸建のみ、キャッシュで決済後、国民金融公庫に抵当に入れて、金利二・〇%、一〇年固定で四〇〇万円借りている。それ以外、金融機関からの借り入れはナシ。無担保だ。残債は二〇〇七年三月現在で約三五〇万円。数億円借りている人からみたら、かなりの少額だが、この借金も本当は借りる必要がなかった。

悪い友達のF氏に、変なアドバイスを受け、仕方なく借りたのだ。

「加藤さん、無担保の物件ばかり持っていても仕方がない。俺だったら、目一杯借りてきますよ」

真面目な顔をしている割に、F氏はコワいことをいう。

今は、この借金を早く返済したい。やはり、レバレッジといっても借金だ。

ここで、現金決済のメリットとデメリットを書いてみよう。

【メリット】

・安心
・売主様が喜ぶ
・決済が早い
・休日でも決済可能
・**大幅な値引き**ができる可能性がある
・諸費用が抑えられる
・無担保の物件がすぐ手に入る
・**夜、ぐっすり眠れる**
・火災保険が月払いにできる
・何かあった場合の売却が早い
・三文判で決済できる
・書類が少ない
・決済時、現金と住民票の用意だけでいい

【デメリット】

・手持ちのキャッシュが減るので、寂しい
・巨額の物件は買えない
・現金で用意できる金額に限界がある
・必然的に、ボロ物件が多くなる

優良物件ではなく、ボロ物件こそ宝の山

立地条件がよく、築一〇年以下、利回り一五％以上の物件を探せと、不動産投資の本に書いてある。しかし、**そのようなステキな物件は、ほとんど出てこない**。

ワタクシの所有物件も、九棟のうち、その条件にあてはまった物件は、一棟目の「K・i」しかない。ワタクシの物件を購入する基準は、高利回りであれば、あまり築年数、立地条件を考慮しない。

七棟目の旭川市のアパートメントは、築四六年で購入。
九棟目の二〇〇万円の戸建物件は、築四二年で購入。
四棟目の五〇〇〇万円のアパートメントは、築三八年で購入。

見た目も古いし、風呂のない部屋もアル。汲取り式のアパートメントも一棟アル。

それでも、なぜか入居者がいる。

築二二年以上経った木造物件に対する国家と銀行の評価額は、ほとんどゼロに近い。実は、**激安&高利回りアパート**を入手するには、ここが重要だ。

築二二年以上経ったら、物件がすぐに壊れるかといえば、そんなことはない。

つまり、国家や金融機関の不当に低い固定資産税評価額が、売り出し価格に反映される。物件の物理的構造よりも、**金銭的な構造**を見て購入しよう。土地の評価額が高いほど、銀行は融資するが、当然、売り出し価格は高くなる。土地は、できるだけ安いほうがいい。土地が家賃を生んでいるわけではナイ。土地代が高いと、資金の回収に時間がかかる。

建物も、できるだけ安いほうがいい。では、何を買っているのかといえば、**キャッシュフローとシステムを買っているのだ**。重要なのは、できるだけ少ない投資額で、毎月、**いくら手元に残るか**ということ。ワタクシは、できるだけ自分の金を使いたくない。そして、他の人の金も使いたくない。**激安&高利回り物件であれば、その両方が達成できる。**

さらに、**ボロ物件はライバルが極端に少ない**。特に、一棟目を購入する人は、ボロ物件を避ける。ワタクシは、今はもう都市部やその郊外（札幌近郊）では物件をほとんど探していない。**田舎で土地の安い場所に建つ、築二二年以上の物件は、最高にステキだからだ。**

ボロ物件のチェックポイント

「鬼のような指値」（商標登録申請予定）を入れた五五万円の戸建物件は、実は、**最初から五五万円で売っていたわけではナイ。取引を創造したのだ。**固定資産税評価額は、土地＋建物で**三二一万円**。売り出し価格は二五〇万円だった。

売主様に「すまん」と心の中で叫びつつ、**四〇万円**という値段で買付証明書を入れた。少し押し返されて、**五五万円**で購入。売り出し価格から**七八％割引**だ。

古い物件の場合、**土地代－解体費用**を提示する場合もアル。

さて、古い物件で、残存価値やリフォーム代が心配な人は、購入前に、信頼のできる大工さんや建築士にお願いして、一緒に物件を見てもらおう。**日当を一万円くらい**払えば、喜んで協力してくれるだろう。

ワタクシの物件を選ぶ基準は次の点だ。

・現金で決済できる範囲であること
・古い物件でも、**現状が満室、あるいは満室に近い**こと
目標利回り三〇％以上。もしくは**その利回りまで値引き可能**
・あと一〇年くらいはしっかり建っていそう
・自分の経営方針で**運営できそう**
・一部屋あたりのリフォーム代が、**家賃の半年以下**で納まりそう
・引き渡し時に、満室がいい。購入直後のリフォーム代がほとんどかからないため

自分で運営が可能な物件だと判断すれば、築年数は古くても、できるだけ購入するように心掛けている。

アメリカに住んでいる頃、築五〇～六〇年くらいの物件が**平気な顔**をして売買されていた。アメリカだけではナイ。名古屋市にある母の実家は、築七〇年だ。

マメに手入れをすれば、物件は長持ちする。

物件を購入する際の注意点は、空き部屋がある場合、簡単なリフォームで、**すぐに貸せる状態**であるかどうかだ。格安で、かつバス・トイレ・キッチンがリフォームされていれ

ばお買い得だ。

また、水まわりを丹念にチェックしよう。蛇口という蛇口はすべて開ける。水まわりの工事はお金がかかるからだ。

購入対象物件の内覧時に、上水道、下水道がすべて稼動するかを確認スル。また、電気、ボイラーなども、すべての電源をＯＮにして、稼動するかどうかを確認スル。

しっかり確認しなければ、購入後の修理代が高くつく。

しかし、完璧に稼動しなくてもいい。実は、そのことが値引き交渉の素材になるからだ。

目標利回りは三〇％以上

ワタクシの場合、**目標利回りは三〇％以上に設定**している。

体験上、**五〇〇万円から一〇〇〇万円の物件**で、**利回り三〇％以上**の物件を**現金**で買うことが、一番お金が残るようだ。この価格帯であれば、土地・建物の評価額が安いので、当然、**固定資産税も安い**。

なお、五〇〇万円以下の物件は、利回りが高くても、修繕費が一〇〇〇万円の物件と同じくらいかかるので、収入に対する維持費の割合が高くなる。

最もライバルが多いのが、二〇〇〇万円から五〇〇〇万円の価格帯だと思う。つとめ人が恐怖を乗り越え、勇気をふり絞り、頑張ってローンを組む価格帯である。仲介不動産業者が、物件の収益を八〜一四％ぐらいの**つまらない利回り**で割り戻して売りに出す場合が多い。

逆に、一億円以上の物件もライバルが少ない。購入できる人が限定されるからだ。

九五〇万円で購入した、利回り三〇・九五%の「Ｋｉ」の月収は二四万五〇〇〇円。現金決済なので、火災保険も月払いで三〇〇〇円前後。

それに対して、一億円の物件をフルローンで購入したとしよう。金利三・〇%、二〇年ローンで、物件の利回りが一二%とすると、手元に残る金額は二五万円前後だと思う。借金の額の割には、案外、**手元に残らない**。**資産が増える**のに比例して、**借金も増える**からだ。

一棟目の「Ｋｉ」のような物件を買えば、**一億円借りる必要はまったくナイ**。

二〇年間も毎月、ローンを返済するのは大変だと思う。金利の上昇もあるし、建物も老朽化する。空室のリスクもアル。

また、**それほどの資産価値がある物件**であれば、**当然、固定資産税も高い**。いずれ高額で売却できるかもしれないが、それは**希望的観測**だ。その時になってみなければわからない。入居者数が多いと、毎月の収入も多いが、管理も大変だ。管理会社にも管理費を払わなければいけない。**銀行と管理会社のために、大家が太い金額の借金**をするようなものだ。

いい経営をするためには、できるだけ**損益分岐点を低くする**ことだ。投資金額をできるだけ少なくしよう。売主様の言い値で購入してはいけない。**利回りが三〇%以上あれば、**

約六年で二倍回収できる。つまり、六年以上現状を維持できれば、たとえ六年後に物件の資産価値がゼロになったとしても、それほど悲しくはナイ。

現実には、紙の資産と違って、不動産の価値がゼロになることはないだろう。

もちろん、古い物件であれば、リフォーム代がかかる。しかし、購入時にチェックすることで、ある程度リスクが予想できる。大規模なリフォーム代がかかる場合は、それが**値引きの交渉材料**になる。購入前に売主様から値引きをしてもらう。それが、結果的には購入後の**リスク・ヘッジ**になる。

個人的な考えであるが、リフォーム代のリスクよりも、巨額の借金を抱えるリスクのほうが大きいような気がする。リフォーム代は、予算の都合で延期できる場合もあるが、毎月の借金の返済は簡単には延期できないからだ。

訳アリ物件でも買っていい

一般的に資産価値がナイといわれる売り物件も、購入の検討をしてみよう。この訳アリ物件こそ、大幅な値引きの可能性があり、高利回り物件になる可能性がある。

訳アリ物件の例としては、

・旗竿地
・再建築不可
・傾斜地
・田舎
・駐車場ナシ
・古い
・残置物がアル

・ボロい
・汚い
・クサい
・汲取り式トイレ
・住人が変。もしくは、近所に変な人がいる……など

実は、**これらの不利な条件が「鬼のような指値」（商標登録申請予定）**を入れる**チャンスだ**。売主様もすでに自分の物件が不利な条件であることは把握している。しかし、ただ安ければいいというものではない。購入後、自分で運営できる自信がある時のみ、購入しよう。今までの体験上、**いい物件は、ほとんど迷わずに、その場で買付証明書を書いている**。数百棟見れば、いい物件がだんだんわかってくる。特に、五〇棟以上見た頃から、自分の判断基準ができてくる。見るのが面倒になって、妥協して中途半端な物件を購入してはいけない。それでは二棟目が買えなくなる。

資産があれば夢をつかめる

決済価格が**二〇万円**（売値五〇万円の**六〇％ＯＦＦ**で購入）くらいであれば、たとえ、**すべてを失ったとしても、泣ける範囲の金額**だ。少し頑張った新聞配達の中学生でも買える価格だ。

実はワタクシ、中学生の時に、新聞配達を実施していた。高校入学時には、三五万円くらい貯金があった。

あの頃の財力でも、この物件が買えた。当時、こんな取引があることを知っていたならば、今頃はもっと資産家になっていたと思う。

しかし、その頃は、単車に乗りたくて仕方がなかった。高校生になって、中型免許を取り、中古のＸＪ４００という単車を購入してしまった。

アメリカに住んでいた一九九二年頃にもチャンスはあった。当時、ワタクシはハリウッドで売れない俳優業を営んでいた。

その頃のロサンゼルスでは、敷地が二〇〇坪くらいある戸建物件が一〇万ドルくらいで買えた。ロサンゼルスは、世界各国から、愉快な人民が流れてくる街だ。そのため、ものすごく賃貸需要が高い。戸建なら、一カ月一〇〇〇ドルから一五〇〇ドルで貸せた。今では一〇万ドルの家も、二五万ドルくらいに値上がりしている。もし、購入していれば、キャピタルゲインも狙えただろう。

しかし、その頃は、**毎日を生きていくので精一杯だった**。

あの頃、今の不動産の知識があれば、不動産からのキャッシュフローで、ハリウッドで俳優業を続けられたと思う。**生活苦**のため、**廃業**して**猿岩石状態**で帰国することもなかった。根性と精神力があっても、乗り越えられなかった異国での貧困も、**資産があれば簡単に脱却**できたと思う。

スタートは、少しでも早いほうがいい。

あなたも、**今日から激安物件を探そう！**

激安物件で大家になる訓練を実施しよう

大家としての経験がないにもかかわらず、いきなりフルローンで億単位の巨額の借り入れをした場合、もし、その後、**アパートを運営できなくなったら**、どうするだろうか？

また、購入後に、自分の性格がアパート経営に向いていなかったり、人に対して弱い性格であったりすれば、その後、物件を増やすのは困難だ。所有していること自体が苦痛にナル。

こうしたリスクを避けるために、最初に安い物件を買って、自分が大家に向いているかどうかを判断しよう。

ペンキを塗ったり、隣人に挨拶をしたり、賃貸不動産屋さんに営業してみよう。大家に向いている性格で、**かつ収益をうまくコントロールできる能力**がある人なら、どんどん物件を増やそう。

逆に、まったく向いていないのであれば、早めに**転進**（新たな作戦のために、いったん退却すること）しよう。そういう人は、**紙の資産**のほうが向いているかもしれない。

洗練された紙の資産の投資家の「よしおかたろう」さんは、**ＦＸ（外国為替）で毎月三〇〇万円**の収入がある。

ススキノで別れ際、「不動産なんて、手間がかかってやっていられない。じゃあ、頑張ってね、貧乏人！　てへっ」とイヤガラセをいわれた。ＦＸの利回りから考えると、不動産の利回り三〇％超も、たいしたことがないようだ。

そうはいっても、株やＦＸなど紙の資産を増やすのも簡単ではない。確実に大きく増やしていこうと思うなら、やはり不動産が一番だと思う。

投資金額が小さければ、何度でも失敗ができる。撤収も楽だ。必要があれば、あとでいくらでも巨額なレバレッジをかけて物件を増やせばいい。

少額投資を繰り返すことがいい理由は、もうひとつある。それは、収益を次の物件の購入に充てることができるということだ。つまり、**物件に物件を購入してもらう**のだ。多くの人は、巨額な物件を購入して、一度に上がろうとする。その方法もいいが、借金が増えることのリスクもアル。

また、首都圏で安い物件を購入するのは無理だという人もいるだろう。

しかし、ＣＤ「ＮＳＸアパート経営」で対談している松田ジュン氏は、**神奈川県**で八気筒（八戸）のアパートメントを**八五〇万円で現金購入**している。利回りは約四〇％だ。埼玉県の国道に面した土地も、地積は狭いが一〇〇〇万円で購入している。看板収入が年間五〇万円ほど見込める場所だ。

男前で洗練された投資家の松田ジュン氏は、三〇代前半で、すでにつとめ人を引退している。今日もまた愛車のＮＳＸでステキな物件を探しているだろう。彼もまた挫折した俳優だった。本気で探せば、こんな**ステキな取引が日本全国どこにだってアル**。

さっそく市場に買い物に出かけよう！

物件を買う資金はどうやって貯めるのか

物件の購入には、できるだけ**現金を用意**しよう。

貯金する方法はいろいろある。一番簡単なことは、**①持ち家　②ナウでヤングな高級車　③結婚**　をあきらめることだ。

ワタクシは、この三つを途中であきらめた。というよりも、アメリカから二〇〇ドルを握り締め、**猿岩石状態**で帰国した時に、あまりにも財務がタイトであきらめるしかなかった。

いまだに、**自分の家は所有していない**。亡き父の遺した、一九七四年式の物件に、年老いた母と一緒に住んでいる。

しかし、貸家は三軒持っている。アパートメントも六棟アル。

自分の家に自分が住んでも、収入にはならない。

物件を買えなくても、落ち込んではいけない

こんなエピソードがある。

不動産投資家仲間で物件の図面を見せ合う**「図面舞踏会」**という会合を結成しているが、ワタクシは、メンバーの城太郎さんが持ってきた五〇〇〇万円のアパートメントが気になり、その**図面を一枚一〇〇〇円で購入シタ**。「図面舞踏会」終了後、夜中の一時に現地まで見に行った。実際に建っている物件を見ると、ほっとする。夜なので、物件の細かいところまではわからないが、現場に行けば、ある程度の判断はできる。

翌日、不動産屋さんに電話を発信し、昼頃、現地で待ち合わせすることにした。物件は、四気筒（四戸）、入居者ナシ、築年数不明、推定四〇年以上。しばらく人が住んでいないようで、内部は乱れていた。**和室の奥に風呂があるという変な間取り**だった。当然、和室の畳は湿気ていた。

申し訳ないと思いつつ、定価（言い値）では運営する自信がなかったので、一五〇〇万円で「鬼のような指値」（商標登録申請予定）を入れた。**パンチ・パーマ**をなびかせながら、**ヤクザ風味**の不動産屋の社長は、

「**けっ！**　話にならん」

といって、怒って**激しく車のドアを閉め、急発進**して帰ってしまった。

こんなことで落ち込んではいけない。ワタクシ、**何度も「鬼のような指値」（商標登録申請予定）を入れて、玉砕**している。今まで、買い付けは三五本くらい入れたが、そのうち買えたのは九棟だけだ。

同じことの繰り返しを、いかに忍耐強く続けられるかが、いい物件を買える条件だ。

現金、即決で有利な条件を引き出そう

二〇〇五年二月、朝日新聞で二棟目のアパートメントを発見した時も、行動は早かった。当時、出版社の社員として**激安な賃金で過酷な「労働力投入」**を強いられ、帰宅は二一時頃だった。

遅めの夕食をとりながら、新聞の売り物件情報を読んでいた。今日もつまらない物件しかないなと、あきらめかけていた時、すばらしい広告が出ていた。

「夕張郡栗山町　築一七年　**八戸満室　利回り三〇％　八〇〇〇万円**」

「うわ〜、何だ、この物件は！」と**叫びながら、電話のダイヤルをプッシュ**していた。すでに二一時をまわっていたので、もう誰もいないと思っていたが、熱心な社員が残業していた。電話を取った社員のイトウさんが、たまたまこの物件の担当者だった。

本当に満室なのか？　なぜ、こんなステキな物件を売るのかを確認シタ。

「多分、この物件を購入します。明日朝、御社に行って買い付けを入れますので、売り止めにしてください」

図面や物件を見る前から、買い付けの希望があることをはっきりと伝えておいた。

翌朝一番で、この仲介不動産屋さんに行き、図面を見る。写真はないかと尋ねると、パソコンに入っていた写真を見せてくれた。外壁もキレイで、柱も太く、思ったより程度がいい。

満額で購入してもいい物件だ。むしろ、**価格に上乗せして購入してもいい**と思った。しかし、念のため、ディスカウントできるか聞いてみた。

「現金で決済するので、七〇〇〇万円くらいにならないでせうか？」

「それは無理です」

「では、七二〇〇万円でいかがでせうか？」

「それも無理です」

「それでは、**フンパツして、七五〇〇万円**でいかがでせうか？」

「わかりました。その金額であれば持っていけます」

現物を見ずに買い付けを入れた物件

そして、その場で買付証明書に金額七五〇万円と書き、名前と住所と決済日を記入。捺印もシタ。

ある程度の値引き額を、仲介業者に口頭で尋ねてから、買付用紙に記入スル。

ワタクシ、**いつでも買い付けを入れられるように**、財布に印鑑を入れている。一〇〇円ショップで購入した印鑑を使用して、数百万円の不動産の買付証明書に捺印するのも不思議な話だ。

結局、**物件を見ないで買い付けを入れた**。

この判断は大正解だった。その後、**購入希望者が八人現れた**そうだ。「上乗せするから覆せオジサン」や、「今日、広告を見たから何とかしろオジサン」も出てきたそうだ。

二棟目の「女子限定アパートメント」

翌日の土曜日。大雪原の中の田舎道を、東に向かってひたすら走る。一八万円で購入したトヨタのチェイサー４ＷＤ（通称・大東亜決戦号）のエンジンも快調で、極寒の北海道の凍結した道路を健気にも走ってくれる。銀世界の中を東へ三五キロ走り、現場に到着。所要時間は約四〇分。路面の乾いている時期であれば、三〇分で行ける。自主管理ができる範囲だ。

住宅地に建つ物件が一〇〇メートルくらい先に見えた時、胸がドキドキした。なぜか「この物件、**ワタクシが購入するまで、一七年間、ここで待っていたんだ**」という気持ちになった。

到着して、初めて現物を見る。想像より大きい。階段の柱も太い。外壁の傷みも少ない。なぜか物件から**女性のシャンプーの甘い匂い**がする。なんでこんな匂いがするのかわからなかった。現場で待機した後、待ち合わせの一四時になったので、イトウさんに電話を発信。約一〇分後、売主様と一緒にやってきた。

ワタクシは、車から降りた直後の六〇代後半の売主様に駆け寄った。

「この**ステキな物件**を、是非、**譲ってください**。ワタクシ、頑張って維持しますので、是非、お願い致します」

ワタクシは、深々とお辞儀をした。

「わかった。とりあえず部屋を見よう」

入居者の許可を得ているようで、入居中の部屋の内部を見せてもらった。

八畳＋三畳のキッチンで、バス・トイレ別。女性の部屋のようで、ぬいぐるみがベッドの上に置いてある。なかなかキレイだ。

この瞬間、購入を決意した。

「お願い致します。是非、譲ってください」

「わかった。では、うちに来たまえ」

イトウさんの運転する車のあとについて行き、物件の近所に住む売主様の家に到着。**なぜ、こんなにステキな物件を売り出すのか**理由を聞いてみた。

「親戚のビジネスが行き詰まり、融資をした。しかし、返済できなくなり、その**借金の肩**

代わりにこの物件を入手した。嫁は売却に反対しているが、**そろそろ引退したい**」とのことだった。

結局、**七五〇万円**で譲ってもらえることになった。

数週間後の仮契約の時、初めてこのアパートメントの入居者が女子のみということを知り、甘いシャンプーの匂いの理由がようやく理解できた。数日後、手付金として一〇〇万円を入れた。

二〇〇五年三月二一日決済。祝日だったが、現金決済なので問題ない。決済場所は、売主様宅。司法書士の先生にも来てもらった。残金の六五〇万円と仲介手数料、税金などを支払う。

決済のために、**すべて新券**を用意した。帯が付いた六〇〇万円を渡したが、売主様は特に確認しない様子だ。

契約から決済までの一カ月の間に、女学生の入退去者が四名いたが、すべて売主様がやってくれた。ありがたい。

この物件が二棟目の「女子限定アパートメント」だ。

二つのアパートでセミリタイアへ

さて、「女子限定アパートメント」は七五〇万円で決済したので、**利回りは三二%**。当時、まだ**つとめ人**だったが、この物件を入手した瞬間に、**つとめ人の卒業を確信した**。二〇〇五年三月までに購入した二棟が、**ふたつとも利回り三〇%を超えていた**からだ。

この「女子限定アパートメント」は、購入時、近隣の相場よりもかなり安い家賃で貸し出されていたが、入居中は値上げせず、退去時にリフォームして、やや家賃を上げて募集した。**家賃を適正な価格**に戻したため、利回りは三五・二%に向上シタ。

リフォーム代も最初の年は一〇万円以下だった。セキュリティ・ライトを二基取り付け、借りている隣地の駐車場に、切り込み砂利を敷いただけだ。

一棟目の「K・i」と、この「女子限定アパートメント」を購入したことによって、キャッシュフローが**安定し、加速**シタ。

「女子限定アパートメント」を購入後、近所のオジサンから聞いた話。

「アパートの女学生のボーイフレンドが毎日車を路上に停め、大雪が降った日には除雪車が入れず近所迷惑だった。ある日、通行できずに警察を呼んだら、そのボーイフレンドが逆ギレして、売主に**刺青**をちらつかせながら『なんで直接、言ってくれないんだ！』と凄んだ。それで売主が、イヤになったのではないか？」とのことだった。

しかし、その女学生はもう卒業して、そのボーイフレンドももう来ない。これで、路上駐車はなくなった。路上駐車の問題は**簡単に解決**できた。隣地の地主から、となりの土地を駐車場として借りた。

隣地の駐車場の除雪は、除雪業者に依頼シタ。一回の出動で五二五〇円だ。年に五回くらい出動すれば、間に合う。

最近では、除雪用のスコップも購入して、アパートに配置してある。たまに気の利いた**女学生**が、少しの雪なら**勝手に除雪**してくれる。

購入してから二年間が過ぎたが、現在まで**満室経営**だ。

第2章

よい物件は思わぬところに転がっている

物件情報は毎日チェック

ワタクシの場合、収益物件を**読売新聞**と**朝日新聞**の**北海道版の三行広告**で探す。

最初のアパートメントは読売新聞で、二棟目のアパートメントは朝日新聞で発見した。発見した時、胸が高鳴った。

これらの物件は、この三行広告を**発見した時点で、ほぼ購入を決めている。**

新聞のチェックは、**毎日の日課**にしている。自宅で朝日新聞をチェックし、斜め後ろに住む妹夫婦（通称・タモリ夫婦）が読売新聞を購読しているので、昼頃、新聞を入れ替えてチェックする。

たった三行の広告から、物件の金銭的構造を読み取る訓練をしよう。簡単な利回りや金利の基本的な数字を暗記して、広告を見た時に、ある程度暗算できるようにしておくことが重要だ。

新聞の三行広告には、表面には見えない物件の金銭的構造が隠れていることがある。

購入後わかったことだが、最初の物件「K・i」の場合、売主様が建築業で、写真を載せて広告できなかったらしい。建築業者が不動産を売る時は、財務がタイトな場合が多く、物件を売り出していることが取引業者にわかると、仕事の受注に悪影響を及ぼすことがあると、担当の不動産屋さんが話していた。

五棟目の三八〇万円の戸建物件は、インターネットで発見した。北海道新聞「住ピタ！」（ジュピタ！）という**地元のマイナーなホームページ**だ。

すぐに業者に電話。先方が驚いていた。

「どこでこの物件を知ったんですか？　今、ホームページにUPしたばかりですよ」

実は、数十分前に掲載したばかりの物件だという。

自宅から歩いて三〇秒という立地条件と、三八〇万円という価格が気に入り、**「まだ物件を見ていませんが、多分買うと思います」**と電話口から伝えた。

ちなみに、ヤフーと楽天の不動産検索サイトに登録されたのは、その二日後だった。マイナーなホームページのほうが、物件数が少ないので、インターネットへのUPが早いようだ。この物件、二八〇万円で買い付けを入れたが、あえなく玉砕。所有物件の中で**唯一、定価（言い値）で購入した物件**だ。

しかし、満額でも購入しておいてよかった。実は、一年ほど前から、近所に五〇〇万円以下の戸建が出てきたら購入したいと願っていた。まさに**思考が現実化**した。希望よりも安い値段で売りに出されたのだ。

常に、希望の地区と価格を具体的に思い描いておこう。そうすると、ある日突然、希望に近い物件が出てくる時がある。その時は、準備をしていなかった人に比べて、格段に早く買い付けを入れられる。

なお、おススメのホームページは次のとおり。

・YAHOO!不動産
・楽天不動産
・不動産ジャパン
・不動産なび
・地元のマイナーなホームページ

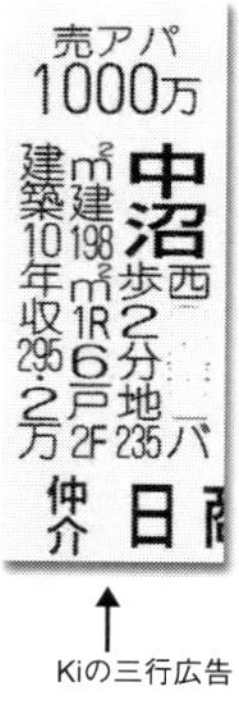

Kiの三行広告

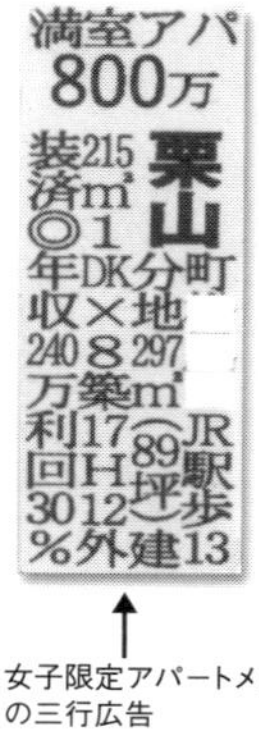

女子限定アパートメントの三行広告

地域情報誌も優良物件が豊富

購読している新聞に、売り物件情報がないとお嘆きのあなたにも、とっておきの方法がある。

それは、地元の不動産情報が掲載されている新聞や雑誌を**定期購読**することだ。ワタクシは、旭川市と室蘭市のフリーペーパーや雑誌を定期購読している。

離れた街の売り物件の相場と、賃貸市場がわかるので、購読料金以上のリターンがあるだろう。

実際、**定期購読を始めた直後**に、**旭川と室蘭の物件を購入シタ**。

いい物件に巡り合うためには、数多くの物件を分析しなければいけない。今まで、数万件の売り物件情報を分析シタ。これは、ハリウッドで受けていたオーディションにたとえると、写真選考の段階だ。この第一次オーディションで、できるだけ絞り込む。場所、金額、利回りから、自分が購入できそうな物件を絞り込む。ワタクシの場合、売却価格が一〇〇〇万円以下、利回り二〇％以上か、交渉によって二〇％以上になる物件に限り、図面を取る。

毎日毎日、**この作業を繰り返す**。

そして、常に枕元に地図を置いて予習しよう。

コンパスで、自分の家を起点に半径五〇キロメートルで円を描こう。その範囲で激安物件を探すのが困難であれば、半径一五〇キロメートル圏内で探そう。これは、現地で四時間仕事をして、日帰りで帰れる距離だ。

一棟あたりの毎月のキャッシュフローが一〇万円以下であれば、これ以上範囲を拡げないほうが無難だ。それ以上に維持費がかかるからだ。

無理をして買うこともない。自分の買える時と、買える予算ができた時が、買い時である。銀行が貸してくれるからといって、つまらない物件を購入してはいけない。あとで支払いが大変になるだろう。

図面はすぐに取り寄せる

これはと思う物件は、図面をすぐに取り寄せよう。ＦＡＸ受信が一番いい。現在では、Ｄ－ＦＡＸという、パソコンで受信できるＦＡＸもある。また、パソコンから直接、図面をダウンロードできる場合もある。

この時、重要なのは、**営業マンを絞ってはいけない**ことだ。いい営業マンがいい物件を持ってくるのではない。

いい物件を持ってくる人が、**いい営業マン**だ。

営業マンの人柄がいいからといって、利回りの悪い物件を購入してはいけない。

図面を取る時に、電話で、**売主様がなぜ物件を売りたいのか理由を聞こう**。決済を急いでいる場合は、**大幅な値引き**が期待できる。

また、物件の状態や、いくらまで値引きできるかなど、できるだけ聞いておこう。特に専任の場合、営業マンは、その物件を見ていることが多く、売主様の事情も知っている。

「Ｋ・ｉ」「女子限定アパートメント」や五棟目に買った自宅近くの戸建物件は、**電話の段階でほぼ購入を決めていた**。

そして、その旨を営業マンに伝えている。

「まだ物件を見ていませんが、多分、購入すると思います」

物件を数多く見ていくと、実際に見に行かなくても図面だけで、よい物件がわかってくるものである。

地域は絞り込まない

電話と、図面を受信した段階で、**オーディションを実施**して、できるだけ落としておこう。現地を見に行くに値しない、**つまらない物件**が多すぎるためだ。時間を節約しよう。

物件を一緒に見に行って買わない時は、相手の不動産屋さんにも迷惑をかける。なによりも気まずい。

図面と電話で、八割の仕事を終わらせる。残りの二割は現地で確認する。

また、検索する場合、**物件の地域を絞らない**ほうがいい。

ワタクシも探し始めた頃、札幌市清田区限定で探したが、当時、清田区の物件は不足していたため割高だった。そこで、札幌市全域と近郊から探すようになった。つとめ人を卒業するまでは、半径五〇キロメートル以内。卒業してからは、半径一五〇キロメートル以内で探している。今は物件が増えて管理が大変になったので、また半径五〇キロメートル以内で探している。

土地への執着を捨てた時点で、**高利回り物件**に**巡り合う確率**が**飛躍的にUP**シタ。

自分の住む家は場所にこだわるべきだが、収益物件は場所にこだわらないほうがいい。**物件の利回り**にこだわろう。地域が分散すれば、地震や水害などのリスク・ヘッジにもなる。

特に、リフォームに手がかからない物件で、かつ、客付けが楽そうな物件は、日帰りできる範囲であれば「買い」だと思う。

図面分析のコツ

図面を取り寄せたら、すぐに**分析**だ。ここで地図と電卓を用意しよう。地図で、近隣の商業施設、学校、道路、鉄道を把握。グーグル・マップを使用すれば、地形も把握できる。

そして、最も重要なことは、**指値を入れる金額**を、あらかじめ**図面に記入**しておくことだ。五〇万円引き、一〇〇万円引き、二〇〇万円引き、三〇〇万円引きの場合の利回りと、利回り一五％、二〇％、二五％、三〇％、三五％で割り戻した数字を図面に記入しておく。仲介業者の事務所で買い付けを入れる場合、**いちいち計算していられない**。事前に買い付け価格を算出しておくことで、交渉が非常に**有利**になる。

希望の利回りになるまで値引きが困難だと感じた場合は、現地調査をする時間がもったいない。次の物件を探すべきだ。

図面は情報の宝庫だ。築年数、構造、入居率、近隣の地図、土地面積、建物面積など、必要な情報はほとんど入っている。

物理的な構造は現場で調査する。金銭的構造は図面の段階でわかるので、金銭的構造がNGであれば、物理的にステキな物件でも転進しよう。外壁にレンガが張ってあってお洒落だとか、壁紙の色がかわいいからといって、物件を購入してはいけない。

不動産は、**総合的な知識**が必要だと思う。数学、物理、地理、建築学、土木学、交渉力、営業力、芸術的なセンスが必要になる。

すべてを極めなければいけないというわけではないが、ある程度の知識を持っているほうが、交渉に有利だ。

図面を分析する際、ワタクシはあまり立地条件、駐車場の有無、土地の広さにこだわらない。むしろ、土地は狭いほうが好きだ。理由は、安く買えるし、固定資産税も安いからだ。初期投資金額が抑えられる。土地代はできるだけ少ないほうがいい。建物代も同様だ。

では、何を買っているかといえば、「**キャッシュフロー**」を買っているのだ。もしくは、中古アパートメントという「**システム**」を買っているのだ。

駐車場がない場合は、近隣で確保できるかを調査する。入居者に直接契約してもらおう。土地が三八坪くらいで、八戸満室の**人口密度が高い物件**などは、最高にステキだ。不利な立地条件、狭い土地、駐車場がないということは、逆にそれが価格交渉の材料になる。

「図面舞踏会」を開催しよう

地元で**不動産投資仲間**をつくることは**重要**だ。知識が飛躍的にUPスル。ワタクシの場合、アパ・マン経営コンサルタントの浦田健先生とワタクシの対談CDを聴いた、地元北海道のイシガキ先輩、フジタさん、サトーさんという洗練された不動産マニアの仲間に、二〇〇五年の七月頃知り合った。一棟目の「Ｋｉ」の空き部屋で、男前のサトーさんの美人の奥様とかわいい娘も交えて、夜遅くまで、初対面で語り合った。

その後、不動産投資セミナーで、ヒラガさん、サクラザワさんと知り合った。また、二〇〇五年の一〇月一〇日から開始したブログ（随筆）を通して、主婦のサホサホさんとも知り合った。

皆、自慢の図面を持ち寄って、近所のファミレスで、閉店の深夜一時まで不動産について熱く語り合う。

青春時代にヒットした少年隊の「仮面舞踏会」をもじって、**「図面舞踏会」（商標登録申**

請予定）と命名した（ｂｙ中年隊）。

「図面舞踏会」に参加した当時、物件を所有していなかったヒラガさんは、室蘭市の戸建を二一〇〇万円から値切って、一四〇〇万円で購入。表面利回りは五三％だ。

サクラザワさんは、小樽市のアパートメントを、四五〇〇万円から四二〇〇万円に値切って購入。表面利回りは四二％。

サホサホさんは、札幌市北区の区分所有を、一三〇〇万円から一〇〇〇万円に値切って購入。表面利回りは三八％だ。

それぞれ、「図面舞踏会」に参加してから一〇カ月以内に、こんな高利回り物件を入手シタ。「図面舞踏会」の第一期生だ。

その後、ワタクシの随筆の読者や、リリースした不動産投資のＣＤを聴いたリスナーが自然と集まり、「図面舞踏会」に加わっている。

共通の目的があり、各自勉強した情報を惜しまずに公開してくれる。それぞれの所有物件が、北海道の石狩平野を中心に、上手く分散されていて、各地域のミクロ的な情報を持っている。かといって、それぞれ探している物件と金額が違うので、ほとんど物件がバッティングしない。時として、いい物件の図面は、一〇〇〇円で売買される。

二〇〇六年の六月に、名古屋で実施された全国賃貸住宅新聞のイベントで『アパート投資の王道』の著者で、洗練された投資家の白岩貢さんとお会いした。白岩さんも、この「図面舞踏会」の存在を知っていた。白岩さんとは話が弾み、初対面でいきなり四時間くらい不動産の話をした。翌日も会場に行き、また五時間くらい話した。面白かった。

こんな愉快な仲間たちに出会えたのも、不動産のおかげだと思う。

不動産業者のネットワークづくり

ワタクシの場合、不動産業者をひとつに絞らなかった。そのため、金銭的構造がステキな物件の図面を持っているいろいろな担当者と親しく付き合うようになった。

今まで、数十社から図面を取り寄せたと思う。所有物件九棟のうち、複数購入したのは一社だけだ。あとはすべて違う業者が仲介している。つまり、業者を絞って物件を探していたら、これほど高利回り物件に巡り合えなかっただろう。

最近では、「いい物件が出てきたら、勝手に図面をＦＡＸ送信してください」といってあるので、勝手に図面を送ってくるようになった。

「ただし、いい物件だと判断した時のみ、こちらから連絡スル」とひとこと付け加えておく。時間の節約のためだ。

また、業者から面白い物件が出てくると、すぐに電話してくれるようになった。「図面舞踏会」のメンバーも、情報を提供してくれる。

二〇万円で買った戸建物件も、室蘭市に住む「図面舞踏会」のメンバーの主婦みゆきさんが紹介してくれた。おまけに、事前に物件を調査して、状態を報告してくれた。**洗練された人妻工作員**だ。彼女自身も、その後、室蘭市で築一〇年、二気筒（二戸）のアパートメントを現金で購入シタ。表面利回りは一八%だが、それでもワタクシの平均利回りを知っているためか、満足していない。

業者と親しく付き合う方法として、まず、ワタクシ自身が業者に対して誠実に対応するように心掛けている。現地調査した場合も、現場から携帯電話で連絡を入れる。購入に値しない物件でも、その根拠を述べる。そうするとまた、次の物件を紹介してくれる。

あの不動産マニアの間では有名な、ブログ（**随筆**）「ＮＳＸアパート経営」（http://plaza.rakuten.co.jp/jm48222/）の松田ジュン氏に、**魔法の言葉**を教えてもらった。

「いい物件があれば、すぐに買います」

こういえば、また新しい売り物件が出てきた時に、すぐに連絡してくれる。

また、物件視察の際、現場から業者に電話を発信すると、印象がよくなるとも教えてくれた。

四棟目のアパートメントを買った時の担当者だったJ社のエビちゃん（通称）とは、時々、近所のファミレスで**作戦会議を実施**スル。ふんわり系の中年営業マンだ。現在の不動産市場、販売する場合の利回り、地域による入居状況、新築物件が多い地区などの情報を教えてくれる。お茶とケーキをご馳走し、帰り際にガソリン代として**一〇〇〇円を配給**すると大喜びだ。

物件購入後も、仲介業者に時々電話をしよう。取引は一回だけではない。将来、またステキな物件を紹介してくれるかもしれない。

一〇〇〇万円以下の物件がなぜいいのか

ワタクシは、一〇〇〇〇万円以下の物件を好む。購入物件で最高価格は、母の物件で一二〇〇万円だ。なぜ一〇〇〇〇万円以下がいいのか、理由を述べよう。

・頑張れば、**現金で決済**できるかもしれない
・諸費用が安い
・固定資産税も安い
・仲介手数料が安い
・ロットが小さいため、業者があまり参入しない
・もし失敗したとしても、なんとか回復できる範囲の金額
・いざという時、売却しやすい
・小規模物件なので、自分で管理ができる

特に、**五〇〇〇万円から一〇〇〇〇万円の価格帯**で、**利回り三〇％以上**の物件を入手できたらステキだ。さらに、築一〇年以下であれば、最高だ。五〇〇〇万円以下であると、利回りが高くても、年収の絶対値が低い。それでいて、修繕費は一〇〇〇〇万円の物件と、さほど変わらない。

「Ｋｉ」と「女子限定アパートメント」の二つは、最高にありがたい物件だ。野球にたとえると、三番・四番だ。二つとも、三割以上マワっている。まるで、全盛期の巨人軍のＯＮ（王・長嶋）だ。五棟目に買った戸建物件は、五番バッターだ。利回りは二三・六八％であるが、家賃が七万五〇〇〇円で、所有物件の中で一番高い。また、自宅から歩いて三〇秒の距離にアル。この三棟は、絶対に手放したくナイ。

業者が参入しないのも、ライバルが少ないということだ。転売したとしても、金額が小さいので、転売業者もあまり面倒なことはしない。ある程度、単価が高い物件のほうが、転売した時の利益が大きいし、手数料も価格に比例して増えるからだ。

専任不動産業者の売り物件を探す

一〇〇〇万円以下の物件は、両手数料の場合が多い。要するに、売主からも買主からも手数料をチャージする専任業者だ。手数料は売買価格の三%+六万円の二倍である。よって外部に情報を漏らさず、社内で売主を見つけようとする。現金で購入する条件であれば、大幅に値引きができる可能性がアル。外部に情報が漏れることを仲介業者は嫌うので、写真が載らない情報がアル。新聞の三行広告の数字から、物件のポテンシャルを読み取ろう。

また、情報が外部に漏れないということは、売主様、あるいは仲介業者でさえ、**その物件のすばらしさに気づいていない**場合が多い。そんな時は、**笑顔をグッとこらえて**、外壁の汚れや、放置プレイされている錆びた自転車の話を持ち出そう。

ワタクシの所有する物件は、九棟中七棟が専任物件だ。相場の半分以下で購入している。いい物件は、一般媒介になった時点で、気の利いた不動産業者が自分で購入して、**転売**するか、すでに自社で抱えている**決済の早い優良な顧客**に紹介することが多い。

競売はそれほど安くない

競売には二回入札したことがアル。二回とも落札できなかった。もう、都市部では値段が上がりきっている。唯一、いいと思うのは**田舎の戸建物件**だ。地元に住んでいる人には、チャンスがあるかもしれない。

ワタクシは、市場に出てくる物件に対して、「鬼のような指値」（商標登録申請予定）を入れて購入することが好きだ。そのほうが、縁起もいいし、契約までの流れがスムーズだ。売りたい人から買うのが一番早い。

競売だからといって、安く買えるとは限らない。ワタクシも苦い経験をしている。一度、任意売却で交渉していた物件があった。札幌市清田区の八気筒（八戸）＋店舗の物件だ。年収約四〇〇万円、満室だった。**一六〇〇万円**で交渉が進んでいた。この金額で買えると、利回り二五％だ。国民金融公庫の融資も、一〇〇〇万円まで決まっていた。しかし、ある日突然、売主様と連絡が取れなくなった。仲介業者も、売主様宅を何度も訪問したが、会ってくれなくなった。

結局、その物件は競売に流れた。最低売却価格は**一〇五七万円**。入居状況を詳しく知っていたので、二〇〇四年二月に一四三一万円で入札した。

確か、二〇本くらい入札があったと思う。結局、どこかの不動産業者が二〇三八万円で落札し、数カ月後、市場に出てきた。売値は**二六六九万円**だった。利回り一四%後半で割り戻されて、市場に出てきた。

落札できなかった直後は落ち込んで、自分の無力さを嘆いたものだ。しかし、一〇〇〇万円以上も上乗せされた価格の物件には、もはや**未練はなかった**。数カ月後、この物件は売れた。この時、自分の物件を見る能力が、かなり向上したことを再認識した。

その後購入シタ「Ｋｉ」と「女子限定アパートメント」の本体価格は、**二棟で一七〇〇万円**。年収は二棟で**五六〇〇万円**。その競売物件を一六〇〇万円の任意売却で買えていたとしても、この数字には及ばない。

挫折を乗り越えて、**機械的に物件を探す**ことだ。根性と情熱で、いい物件と巡り合おう。

このように、競売物件よりも、市場に出てきた物件のほうが安く買える。

第3章

現地調査でのチェックポイント

気に入った物件はすぐ現地調査に入る

時々、すばらしい物件に巡り合うことがある。その場合、すぐに現地調査に向かおう。ワタクシの場合、近所であれば夜中でも物件を見に行く。

実は、夜見てもあまり状態がわからないのだが、物件の場所や入居者数はある程度把握できる。もしも気に入れば、翌日、改めて見に行けばいい。

いつでも物件を見に行けるように、車の燃料は**常に満タン**にしておこう。また、**枕元に地図**を置き、**予習**をしておこう。

よほど気に入った物件以外は、**営業マンと一緒に物件を見に行ってはいけない**。その理由は、断るのが悪いと思ってしまうからだ。購入してもいいと思った物件に限り、営業マンに部屋の内部を見せてもらおう。満室の場合でも、入居者の許可を得て、見せてもらえる場合がアル。

この場合、事前に担当の営業マンに頼み、買付証明書を持参してもらうように伝えて、気に入ればすぐに買い付けを入れられるようにしておく。三文判でいいので、印鑑を持参する。最近は、常に二本の三文判を財布に入れている。一本は予備だ。

現地調査で重要なことは、必ず写真を撮ることだ。画素数の多いデジタルカメラを買おう。現場で、あらゆる部分を写真に撮る。購入する可能性が高い時は、いろいろな角度から二〇枚くらい写真を撮ろう。**人間の記憶はあいまい**だから、写真に記録しておくのが一番だ。

周囲のアパートメントの入居率も把握しておこう。

帰宅後、写真をA４サイズに引き伸ばして、現像する。パソコンとプリンターがあれば、簡単にできる。肉眼では気づかなかったクラックや外壁の汚れがわかる。この部分に赤ペンで印をつけて、買い付けを入れる前に価格交渉をしよう。

購入物件をどれだけ詳しく知っているかで、価格の交渉が楽になる。

現地調査しやすいファッションがある

図面を取り寄せ、吟味しても、現場に行かなければわからないことがある。物件の**物理的構造**を**確認**するとともに、その街の温度、におい、風を体で感じよう。物件の前に立ち、果たして、この物件を購入したあと、自分が上手く運営できるかどうかを考えよう。

本当にいい物件は、車で現地に向かい、走行中、遠方に物件が見えた瞬間に、すでに購入を決断しているものだ。

物件の物理的構造の判断方法は、建築関係、リフォーム関係の本を読んで予習をする。いい物件が見つからないと嘆く前に、勉強しておこう。勉強すればするほど、**投資金額を節約**できる。変な買い物もしない。

さて、現場で、近隣の物件の様子をよく観察しよう。**体験上、住宅地にポツンと建っているアパートメント**は、なぜか**入居率がいい**。住宅が密集している地区もいい。

学生アパートメントであれば、駅から学校の中間にある物件は、入居率がよいという説

現地調査にはこのファッション！

もアル。

近隣のアパートメントの入居率を図面に書き込もう。赤鉛筆や青鉛筆で記入するとわかりやすい。

現場に行く時、ワタクシは流行最先端のナウでヤングな服装で臨む。ワタクシの場合、坊主頭にヒゲ、サングラス、そして、**八分ズボンをなびかせて**（ニッカ・ボッカを太くして、裾が締まっているズボン）、首から携帯電話とデジカメをぶらさげている。左手には販売図面。

このような**アバンギャルドなファッション**で現場に行くのには理由がある。ひとつは、現場に溶け込むことだ。建築作業員風味なファッションで、物件を見ていても違和感がナイ。近所の住民は建設業者がリフォームの下見に来ていると思う。もうひとつは、その直後に不動産屋さんに会う場合、もしくは現場で待ち合わせて買い付けを入れる場合、「鬼のような指値」（商標登録申請予定）を**提示しやすいから**だ。ワタクシのファッションに気をつかって、低額な金額を売主様に提示してくれる時もある。決して威嚇しているわけではない。口調はとても丁寧だ。

時々、「図面舞踏会」のメンバーと物件を見に行く時もある。いろいろな意見が出るから楽しいが、大声ではしゃぎすぎてはいけない。

「オマエら、人の家の前で、なにチョロチョロしているんだ！」

住人に怒鳴られたりするので、現地調査ではあまり騒がないほうがいい。ひっそりと見よう。

なお、この時、怒鳴っていた入居者は、物件購入後も、なにかとクレームを付けてくる。この人は、あの時から少しアヤしかった。やはり、現地での調査が大事であることがわかる。

現地に行ってみてわかった驚きの物件

現在までに三五〇棟くらい、現場に行って物件を調査した。図面の数字はよいが、購入に値しない物件も多数あった。

四国のカリスマ投資家「うっちゃん」が北海道に上陸した時も、主婦のナオミさんとともに、小樽市の一五〇坪の土地付きで、五〇万円の四気筒（四戸）のアパートメントを見に行ったことがある。最初は皆、お祭り気分だった。

「CASHFLOW101（ワタクシのハンドルネーム）を押さえつけている間に、アタシが買い付けを入れる」

女性陣からイヤガラセを受けるほど盛り上がっていた。

しかし、現場に行ってビックリ。山の中腹の崖の上に位置し、段々畑状態のところに建っている。道路に車を停めて、六〇センチくらいの幅のケモノ道を匍匐《ほふく》前進で進み、物件にたどり着いたら、ドアの鍵がかかっていなかった。意を決して内部に突入すると、平屋の屋根は落ち、空が見える。湿った布団が押入れの中に入れられたままだった。

ワタクシは女性陣にこの物件を譲ったが、誰も買うとはいわなかった。道路に面していないので、倉庫にも使えない。かといって、推定三〇〇万円くらいを投入して再生したところで、この崖の上に好きこのんで住む入居者はいない。解体するにもお金がかかる。安くても絶対に買わないほうがいい物件だ。

二〇〇六年の一二月には、売値が二〇〇万円で、利回り六〇％、四気筒（四戸）のアパートメントが室蘭市に出現シタ。仲介業者に、電子メールで写真を送ってもらったところ、外壁にサイディングが張ってあり、見た目は**意外とナイス**だ。

クリスマスも間近という時期に、高速に乗り、約一二〇キロ疾走し、仲介業者とともに現場に到着。四戸中三戸が入居していて、現在の月収七万円。年収八四万円である。一五〇万円にはなりそうだと聞いていたので、八四／一五〇万円は、現状利回り**五六％**だ。数字的には最高にステキな物件だ。

しかし、空き部屋の中に入った瞬間、考えが変わった。築四二年の物件は、薄暗く、内部は汚れていた。ワンルーム二戸をつなげた変な３ＬＤＫで、**トイレが二つある**割には、九〇センチ四方の小さなバスタブが付いた風呂が、部屋の片隅に置かれている。もともと風呂ナシの部屋に風呂を取り付けたようだ。

畳をめくって、床を確認すると、ブスブスと足が沈んでいく。大工のオオヤマさんに、このような物件は絶対に買ってはいけないと教育を受けていたので、転進だ。

しかし、一時間ほど考えて、六〇万円という「鬼のような指値」（商標登録申請予定）を入れたが、玉砕シタ。

もう少し、値段が下がらないかと、現在も**放置プレイ**を実施中だ。

現地調査では、聞き込みが大事

現地調査で重要なことは、**物件の歴史を知る**ことだ。近所の住民に出会ったら、最大のチャンス。積極的に物件の歴史を聞こう。

できるだけ詳しく聞こう。できれば複数の人からインタビューできると、物件の歴史が立体的になってきて、全体像が見える。

「すみません。**まだ内緒**にしてほしいのですが、実は、この物件、売りに出ているのですが……」

というと、ほとんどの場合、

「え～、この物件、売りに出ているの？」

と驚きながらも、こちらから聞くこともなく、**先方から**いろいろと物件について話してくれる。質問のポイントは次の点だ。

・なぜ、売りに出ているのか？
・売主様はどんな人か？
・物件の手入れは、まめに施されていたか？
・過去の入居率
・近所の環境
・北海道の場合、冬期間の雪の状態
・土地の価格と過去の変動

話が弾めば、時として、一時間くらい話すこともアル。いい人だったら、お茶代を一〇〇〇円くらい手渡す。

一度、近所のオジサンに助けられたことがあった。二〇〇五年一月、一三五〇万円、四気筒（四戸）、築一五年、表面利回り二〇％の物件があった。一一〇〇万円で買い付けを入れたが、気になって、数日後に現地調査に赴いた。近所のオジサンが外に出ていたので、話しかけた。

「すみません。まだ内緒にしてほしいのですが、実は、あの物件、売りに出ているのですが……」

「え～、やめたほうがいい」

「なぜでせうか？」

「いや～、なんかあの物件、中途半端なんだよね。いつも空き部屋があって、入居者が決まっても、すぐに出て行く。今は除雪がしてあるけど、普段は雪が積もったままだ。悪いことはいわない、やめたほうがいい。実は俺も、不動産屋だったんだ」

「ありがとうございました。助かりました。買うつもりでした」

結局、ワタクシが買い付けを入れた後、三人が満額で買い付けを入れた。一番手だったので、仲介業者から「満額を入れたら買えますが、どうしますか？」といわれたが、即座に断った。転進だ。この**直後**に二棟目の「女子限定アパートメント」を購入できたので、あの時の判断は正しかった。

そのほかにも、今まで、近所の住民から、次のような情報を聞くことができた。
・洪水で浸水した
・下水が逆流した

・入居者（所有者）が、夜中に隣人の家にテレビを投げつけ、窓ガラスを割った。その後、**精神病院に入院**させられた
・満室になったことがないアパートメントである
・入居者がすぐに出て行くアパートメントである
・最初の所有者の前妻が、別れ際に旦那の車にすがりつき泣き叫んだが、そのままふりほどいて走り去った。物件を売却し、その所有者は中国人の愛人と結婚したが、その後、本州で変死した。縁起が悪い物件なので、やめたほうがいい。二五年くらい、満室になったのを見たことがない。その後、数回オーナーが代わったが、皆、苦労している。絶対にやめたほうがいい。

また、現地調査で近所の住民に物件について聞き込みをしていると、時として、入居者に遭遇することもある。これは絶好のチャンスだ。入居者には、「住み心地はどうか？　冬に寒くはないか？　どれくらいの期間住んでいるのか？　ずっと満室だったか？　過去の修復歴は？」といったことを聞く。

入居者に「絶対に買わないほうがいいですよ」と、購入をとめられたこともある。

水まわりのチェックを怠ると、痛い出費に

外側を見て、購入に値する物件だと判断してから、初めて内部を見せてもらう。その場合、トイレ、風呂、台所のリフォーム状態を確認する。**激安で、かつ水まわりがリフォーム**されていたら、**その物件は買い**だ。水まわりのリフォームにはお金がかかるからだ。

一度、トイレが和式・汲取り式の四気筒（四戸）のアパートメントを購入したことがある。満室時にはなんとも思わなかったが、退去後、和式・汲取り式の便所が、**鼻が曲がりそうなほどくさかった**。退去の理由を尋ねると、やはりこの便所が原因だった。他の部分では、最高に住みやすかったという。

ケルヒャーの高圧洗浄機で、この和式便所を洗浄した。長年にわたり便器にこびりついた汚物の**返り血を浴びぬよう**、体をよじらせながら洗浄したが、とうとう取りきれず、**挫折**シタ。刀が折れて敗北したサムライの気分だった。

その後、和式便所を簡易水洗・洋式・ウォッシュレット付きに交換した。リフォーム前

は、水道がトイレまで来ていなかったので、その水道工事の代金も支払った。和式の床は一段上がっているため、洋式にすると壁紙の張り替えも必要だ。結局、**トイレだけで二六万円投入**した。ちなみに、四戸すべて水洗トイレを導入すると、合計二〇〇万円以上かかるそうだ。今回は転進シタ。数年後、導入したいと考えている。

風呂場もよくチェックしよう。タイル張りの風呂は流行らない。ユニットバスに交換してあれば最高だ。ボイラー交換も一〇万円以上かかる。

「鬼のような指値」を入れて五五万円で購入した戸建物件は、ボイラーが新品で追い炊き機能付きだった。タイル張りの風呂だったが、淡い黄色に内部を塗装した。その後、しばらくして入居者が決まったが、入居後、赤水が出るとのことで、水道管の交換を実施。その後、下水も逆流し、汚物があふれた。すぐに業者を手配し現場に駆けつけたが、**大騒ぎ**だった。今では改善されているが、入居者に迷惑をかけてしまった。申し訳ない。

この敗因は、購入時はまだ冬で、凍結の恐れがあるため、仲介業者に止められて、水道管を開栓できなかったことだ。あの時、無理にでも開栓するべきだった。同時に、トイレの流れもチェックするべきだった。本当に悔やまれる。

外壁よりも床下を見よ

小樽市にある三棟の物件の修理を依頼している、洗練された大工のオオヤマさんに、物件購入時の注意事項を聞いた。

「古い物件は、必ず床下を確認しろ」

一見、立派に建っているような物件でも、床下が朽ちている場合がある。物件に床下に潜る入り口がある場合、そこから潜って基礎の状態を見る。もし見当たらない場合は、畳をはがして、畳の下の板を確認しよう。

前出の室蘭の二〇〇〇万円の四気筒（四戸）のアパートメント。たまたま視察の前日に、小樽市で母の物件のリフォームのため、オオヤマさんに会っていた。この時、強く言われた言葉だ。

室蘭の物件の外部は、サイディングが張ってあり、築四二年の割には、案外キレイでカッコいい。初期の頃であれば、すぐに買っていただろう。しかし、内部を見て驚いた。薄汚れて、くたびれた感じだ。仲介不動産屋さんに許可を得て、和室の畳を、オオヤマさんに言われたようにめくってみた。その瞬間に、朽ちた木のニオイがした。湿気を含んで、ブヨブヨしている。めくった瞬間、ダメだと思った。

念のため、床板の上を歩いてみた。メリメリと音がした。やっぱりダメだった。体重八六キロのワタクシが歩くと、床が抜けそうだった。まだ売主様の物件なので、床が抜けてしまってはいけない。急いで畳を元に戻した。

実はこの物件、現地に行くまでは購入を八〇％決めていた。「図面舞踏会」のメンバーにも、その旨を伝えていた。直前で転進した理由は、以下の点である。

・リフォームにお金がかかる
・さほど立地条件もよくない
・現在、九棟の所有物件のうち、築年数が古いものも多く、購入すると**平均築年数**がさらに上がる

・家からの距離は約一二〇キロ
・買い付けを入れた金額の六〇万円、もしくは、やや上乗せして八〇万円くらいであれば購入してもよかったが、売主様は一五〇万円以下では売却しないとのことだった
・現状の月七万円の収益よりも、初期のリフォーム代に投入する、マイナスのキャッシュフローが気になった

物件の利回りも大切だが、**所有物件の全体的なバランス**も大切だ。

第4章

「鬼のような指値」で値引きする

激安物件を探す方法

激安物件は、売り出しの時に「激安」と書いてあるわけではない。激安を探すか、激安物件を創り出すしかない。

ワタクシは、もともと**業者の値付けが甘い物件**に対して、「鬼のような指値」（商標登録申請予定）を入れて、**激安物件を創造**スル。

なお、アパートメントの場合、現在は収益還元法を基準に、売り出し価格が算出されるが、ごく稀に、**土地と建物の価値を合算した値段**で出てくる場合がある。**その差額が大きいほど、お買い得だ。**

「女子限定アパートメント」の場合、八〇〇〇万円、利回り三〇％、満室で売りに出ていた。利回り一五％で逆算すると、一六〇〇〇万円で売りに出されていても、おかしくはない。値付けに厳しいといわれるワタクシでも、一二〇〇〇万円くらいであっても購入していたと思う。その金額でも、満室なので最初からフルに二〇％まわる。

しかし、現金購入の条件で、**七五〇万円**まで値引きしてもらった。購入時利回り三二％である。現在は、入居者が入れ替わる時に、少しだけ家賃を上げさせてもらったので、表面利回り三五・二％だ（二〇〇七年五月に三七・四七％に向上）。

実はこの場所、土地の評価額が非常に低い。確か、九〇坪で三〇〇万円前後だったと思う。建物の評価が、五〇〇万円くらいだ。もし、中古の戸建だったら、八〇〇万円の売り出し価格が妥当だったかもしれない。

ワタクシは、土地の価値が低い場所が大好きだ。理由は、安く買えるからだ。**固定資産税評価額に、家賃は必ずしも比例しない**。札幌以外の街でも、札幌市内の八割くらいの家賃がいただける。

利回りが三割以上あると、六年でほぼ投資金額の二倍回収できる。

そうであれば、六年後に土地、建物の価値がゼロになっても泣くことはない。現実には、価値がゼロになることはない。ひょっとしたら、逆に資産価値が上がっているかもしれないのだ。

古いアパートを見極めるポイント

激安物件は、必然的に古い物件になることが多い。ワタクシの場合、相場の半額以下であれば、物件の購入の検討に入るが、次の点に注意している。

- ・築三〇年以上でも**満室**、もしくは**満室に近い**こと
- ・手入れがされている
- ・表面利回り三〇%以上
- ・購入後のリフォーム費用が、推定、五〇万円以下で稼動すること
- ・建物が、今後一〇年建っていそうなこと
- ・値引き交渉ができること

ちなみに、二〇〇五年一〇月に購入した四棟目のアパートメントは、購入時、築三八年

で満室だった。当時、二一・六％だった利回りも、**二三・〇四％に向上**している。購入後のリフォーム代は、三〇万円前後だったと記憶している。風呂がない部屋もあるが、立地条件がいいのか、空き部屋が出てもすぐ入居者が決まる。購入直後は運営できるかどうか不安もあったが、案外、普通にマワる物件だ。滞納もなくなった。

七棟目に二二〇万円で買った旭川市のアパートメント（三気筒）は、購入時満室で半年稼動し、利回り三八・七二％だったが、一〇月に二戸退去した。約一五万円で内装リフォームし、現在、入居者募集中だ。このリフォーム代は家賃から捻出できた。築四六年。案外、しっかりとした造りで、あと一〇年くらいは持ちそうだ。

なお、古い物件を購入する時は、以下の点に注意しよう。

・間取りが古い
・畳の部屋が多い
・風呂、トイレが汚い場合が多い。交換してあればお買い得
・汲取り式トイレの水洗化は一戸当たり約五〇万円かかる

体験上、**相続や引退**が理由で売り出されるアパートメントは、お買い得な場合が多い。売買の流れもスムーズだ。

古い物件でも、よく探せばいい物件もあるので、気になる物件は、必ず現地調査を実施してほしい。近所の人民に、物件の歴史を聞こう。建物の耐用年数が不安な時は、専門家に謝礼を払い、同行してもらおう。

時々、掘り出し物が、ひっそりと売りに出されている。そんな物件を入手できたら、人生が楽になる。

激安物件に「鬼のような指値」を入れる

いい物件が見つかったら、安い価格で買い付けを入れよう。

ワタクシの戦法であるが、もともと相場に比べて売値が安い物件に対し、さらに「鬼のような指値」（商標登録申請予定）を入れる。

今までの体験上、安い価格で売りに出されている時点で、業者の値付けが甘いか、売主様があきらめていることが多いからだ。

ちなみに、**アパートメントよりも戸建のほうが、指値がききやすい。**

その理由は、アパートメントは収益還元法で値段が算出されるからだ。一棟目の「Ｋ・ｉ」も二棟目の「女子限定アパートメント」も、売値からの値引きは五〇万円だった。この二つは、上乗せして購入してもよかった。

これに対して、戸建がオーナー・チェンジで売り出される場合は極めて稀だ。ほとんどが、空き家か、売主様が住んだまま売りに出される。

投資家ではない人々だ。

ほとんどの人が、その家がいくらで貸せるかを考えていない。むしろ、早く手放して心理的に解放されたい人が多いように思える。

相続、転居、離婚、新築、ローン滞納など、さまざまな売却理由がある。物件を購入する前に、できるだけ売主様の売却の理由を調べよう。きっと、値引き交渉の糸口が見つかるはずだ。

「鬼のような指値」で超高利回りを実現

五五万円で買った戸建物件の最初の売値は二五〇〇万円だった。売り土地（古家付き）で売られていた。

相続を受けた売主様は、八〇歳代のご婦人だった。すでに娘の家に住み、この家をもてあましていた。

ワタクシはこの時、すでに五棟所有していたので、買っても買わなくてもよかったが、一応、物件を見てから判断しようと考え、物件調査に行った。現場に着くと、築三四年の割には、意外と外壁はキレイで、数年前に外壁塗装が施されていた。しかし、内部は乱れていた。荷物も多く、飼っていた犬のニオイが染み付いていていた。鳥のはく製も二セットあった。不動産屋さんは、この物件について「一〇〇万円ぐらいになりそうだ」という。

ワタクシの場合、この一〇〇万円から価格交渉が始まる。

その場で価格を決めると、高めの数字をいってしまうので、いったん、不動産屋さんの車で事務所に戻り、適正な買い付け価格を考える。一〇〇万円というと、一五〇万円くらいに押し戻されてしまう。この時はちょうど、数週間前に、自宅付近の戸建物件に買い付けを入れたばかりで、まだ決済も終わっていなかった。たくさん物件を購入しても、**入居者が決まるまでは負債**だ。

しかし、この家、これだけ内部が乱れているので、ワタクシのほかに買う人はいないと考えた。内部を整理していないことを考えると、あまり高く売る気はないようだ。八〇万円ぐらいで購入できれば、買ってもいいと考えた。ただ、八〇万円で買い付けを入れても、一二〇万円くらいまで押し戻されてしまうだろう。

そこで、五〇万円で買付証明を書こうと思い、まず住所、氏名、決済日を記入した。ところが、これを書いているうちに、なんだかもう少し価格を安く書いてもいいような気がしてきた。

そして、記入した数字が

「四〇万円」

まさに「鬼のような指値」（商標登録申請予定）を入れた。

売主様が売却をＯＫする場合、だいたい三日以内に返事が来る。この時も、二日目に電話が鳴った。

「四〇万円では無理ですわ。先方は、七〇万円から八〇万円でどうかといっていますわ」

上品な不動産屋の女性社長はそう話した。残置物の撤収も込みだ。

二日間待ってくださいと伝え、こちらから発信することにした。

「では、ワタクシが荷物を処分するということで、五五万円でいかがでせうか？」

また二日待って、着信アリ。

「売主様が、なんと五五万円で了承しました」

少し嬉しかったが、これから、この家を真冬にリフォームすることを考えると、気が重かった。「鬼のような指値」（商標登録申請予定）が通ったら通ったで、新たな問題が発生する。

残された荷物を、どう片付けようか。なによりも、あの**鳥のはく製**が気になる。

しかし、安いゴミ処理業者が地元の小樽で見つかった。

夜はスナックを経営している通称「ママ」と呼ばれる五〇代後半の女性が、店の**常連客**

六人で結成された特殊部隊を引き連れ、荷物の撤収と掃除を実施してくれた。ちなみに、

「ママ」は、浜崎あゆみのようなスパンコールの入った**タイトなジーンズ**をはいていた。

古家に残されていた鳥のはく製

真冬の雪が積もった小樽で、ブルー・シートをソリの代わりにして、冷蔵庫や大型の家具や**仏壇**を運んだ。残留物は四トン・トラックで二台分。朝から晩まで働いてもらって、費用は七万五〇〇〇円だった。最初は二〇万円くらいかかると思っていたので、案外安かった。「ママ」は、**鳥のはく製のアタマ**を撫でながら、「よく頑張ったわね」といっていたのを覚えている。

この物件、最初は月五万円で賃貸していた。表面利回り一〇九・〇九%だった。これまでの**瞬間最大利回り**だ。しかし、下水が逆流して、汚物が三回あふれたので、今は家賃を四万円に値引きした。その後、下水管の勾配を改良して、トラブルは収まった。本体価格を安く購入しても、部品が壊れる場合がある。そんな場合でも交換すれば解決するので、それほど心配することはない。

いつも値引き交渉するわけではない

あなたが一番気になるのは、**値引き交渉**だと思う。ワタクシがすべての物件に「鬼のような指値」（商標登録申請予定）を入れているかといえば、答えは「ノー」だ。

まず、過去の体験から、極端に条件のいい物件の場合と、ワタクシの基準で明らかに販売価格が安い場合は、さほど極端に低い数字は入れない。なぜなら、**満額で買う人**がいるからだ。図面を受信した時点で、購入に値すると判断したら、すぐに業者に電話を発信スル。電話の時点で、八〇％くらい情報を仕入れる。たとえば、次の点だ。

・なぜ売るのか
・売却を急いでいるか
・売主様の近況
・値引きは可能か
・外壁の状態
・室内の状態
・過去の入居率
・いくらで貸せるか

現在でも、気になる物件があると、**すぐに電話を発信**スル。担当者が、すでに物件を見ている場合もあるので、その時は話が早い。結局、買わない物件でも、話が弾み、長話をする時もある。市場の状況などを詳しく教えてくれるので、**無料セミナー**のようなものだ。

アパートの場合、収益還元法で、利回りから価格を割り出して、値段を算出している場合が多い。二〇〇七年三月現在、札幌の市場の現状は、新築で八％から一〇％。築一五年までは一一％から一三％。築三〇年以上では一六％で価格が設定されるという説もある。

また、収益物件の場合、すぐに売れなくても、家賃が入ってくるから、売り急がないことも多い。アパートメントを探した初期の頃、値引きを要求すると、よく不動産屋さんから拒否された。

「売主様が資産家なので、売り急がない。だから値引きもできません」

考えてみると、仲介業者が価格を決めるのも変な話だ。売主様が決めることだ。多分、低い価格を売主様に持っていくのがイヤだったのだろう。値引きすると、手数料の額も減るということもあったのかもしれない。

また、資産家なら、値引きしても痛くも痒くもないだろうと思ったが、資産家に限って、市場や数字のことをよく把握している。だからこそ、資産家になれたのだと思う。

低めの指値で、目標価格に誘導する

三棟目に購入した母の物件は、年収三三一万六〇〇〇円、一九八〇年式、販売価格一六〇〇万円、表面利回り二〇・一％だった。上品な女性社長の経営する小樽市の不動産屋さんから電話を受けた二〇〇五年四月、まだつとめ人だったワタクシは、日々の過酷な「労働力投入」で、すぐに現場に見に行けなかった。一カ月くらい**「放置プレイ」**を実施して、忘れかけていた頃、再び電話が鳴った。

「加藤さん、あの物件、一番手の人が満額で買い付けを入れましたが、融資が通らずに、また市場に出回っていますよ」

確か、二〇〇五年五月の土曜日だったと思う。すぐに愛車・大東亜決戦号に飛び乗り、豪雨の中、高速に乗って、自宅から五五キロ離れた小樽市まで走った。

社長の事務所に到着後、社長の車で物件を見に行った。土地八〇坪、建坪約七二坪の六気筒（六戸）のアパートメントだ。

雨の中だと、**建物がだらしなく**見えた。ねずみ色に近い水色で、太陽光線で退色していた。おまけに、畳二枚分の面積で色を塗っていない部分があり、もともとの白色が残っていた。どうやら、プロパンガスのボンベが設置されていた場所らしい。落雪でボンベを収納していた倉庫がつぶれ、他の場所に移動したため、塗り残した白い部分が露出したようだ。また、軽量鉄骨の構造の基礎と外壁のつなぎ目の鉄部も、一部錆びていた。

実は、家を出て、高速道路を運転しながら「**一三〇〇万円**くらいなら、買ってもいいかな？」と考えていた。

しかし、物件から社長の事務所に戻る間、果たして、いくらの買い付け価格で入れようかと考え直した。一三〇〇万円では、高いと感じた。また、一三〇〇万円で買い付けを入れても、どうせ押し返されて、一四〇〇万円や一五〇〇万円という、くだらない価格になると考えた。

事務所に着き、出されたお茶を飲み、煙草を吸ったら、少し冷静になった。まず、買付用紙に、住所、氏名、決済日を書いて捺印した。

さて、いよいよ金額の記入だ。

まず、社長に価格の根拠を説明した。雨の中だらしなく建っていたこと。ペンキの色が

25％オフで買った母の物件

違っている箇所があり、みっともないこと。外壁塗装を実施スルと、この規模であれば八〇万円から一二〇万円くらいかかること。測量すれば三〇万円前後かかるが、測量は不要であること。現金決済可能なことを告げた。

売主様に「申し訳ない」と心の中でつぶやいて、一〇五〇万円という「鬼のような指値」（商標登録申請予定）を入れた。社長はビックリして、のけぞっていたが、しばらくして

「わかりました。いいですわ。先方にこの価格をぶつけてみますわ！」

と、張り切っていた。

二日後、上品な女性社長から電話があった。

「加藤さん、売主様が、一〇五〇万円では無理ですが、一二〇〇万円でどうですかといってきました。それ以

下であれば売らないとのことです。驚きましたわ」
一挙に四〇〇万円の値引きだ。比率でいうと、二五％の割引だ。しかし、即決しなかった。いつまでに返事をすればいいかを聞いたら、二日以内といわれ、いったん電話を切った。

翌日、昼休みに、当時勤めていた会社の近所の新築マンションのモデルルームに行き、一級建築士に物件の錆びた鉄部の拡大写真を見せた。

問題は簡単に解決した。

「これは、鉄を溶接して補強すれば改善できます」

謝謝（ありがとう）とお礼を述べ、すぐに不動産屋さんに電話を発信。

「一二〇〇万円で買わせていただきます」

結局、一二〇〇万円で売買が成立した。母が現金で決済し、母の名義になった。購入時の利回りは二六・八％だ。この物件、ワタクシが無償で管理をしている。

四〇〇万円の値引きができた理由

ところで、決済前の晴れた日に再びこの物件を見に行ったが、日差しが強い晴れた日に見ると、さほど悪い物件ではなかった。**意外とキレイ**で、しっかり建っている。

約一年満室が続き、二戸退去があったが、リフォームするとすぐに次の入居者が決まった。色の違う白い外壁部分も、塗装屋さんに発注すると、ほぼ同じ色に復元してくれた。費用は一万五〇〇〇円だった。

外壁の全塗装は、実はまだ実施していない。二〇〇七年夏以降、実施予定だ。これも、一棟目の「Ｋｉ」と同じ色に塗ろうと思っている。

ストックした家賃から外壁塗装に投入するほうが、財務が健全だ。現在では、工事費の安い業者とも多数知り合ったので、屋根の塗装も込みで外壁塗装は七〇万円から八〇万円でできるだろう。

満室渡しで、かつ購入時に四〇〇万円を値引きしてもらったことで、後のアパートメントの運営が大いに楽になった。

ここで、四〇〇万円引きで購入できた理由を書いてみよう。

・一六〇〇万円で一番に買い付けを入れた人のローンが通らなかった
・その理由が、物件の担保価値ではなく、買主様の経営する会社の決算書が赤字だったため
・ローンの審査で数週間待たされた挙句、一番手の買主のローンが通らず、売主様がイライラしていた
・そこに、たまたまタイミングよく、一〇五〇万円であれば現金で買うという人（ワタクシ）が現れた
・資産家の売主様は、莫大な相続税の納税を悩んでいた
・アパートの状態を見れば、売主様のやる気のなさがうかがえた

「鬼のような指値」で二〇万円の戸建を手に入れる

高利回り物件は、やや山岳地帯に多い。また、ワタクシは小樽市に三棟、室蘭市に戸建を一戸所有しているが、その地形の共通点は、海に面し、**やや山岳地帯**である。

地図を見るとよくわかるが、海の後ろが山岳地帯の街は、平野の面積が少ない。少ない平地や、やや山岳地帯に、人々は家を建てる。平野に人口が集中し、その地区だけ**人口密度が高く**なっている。

その中で、やや斜面に建つ戸建は、激安&高利回り物件になる可能性が高い。理由は、土地の値段が安いからだ。特に、築二二年以上の木造物件は、建物の評価額も不当に低く評価されている。

結果として、斜面に建つ戸建はもともとの売値が安いし、自分で住もうとしている人にも敬遠される。洗練された投資家にとって**最大のライバルは、実は自分で住むために買う人**だ。彼らはよい物件ならば、満額で喜んで買っていく。

九棟目に購入した二〇万円の戸建物件は、五〇万円で売りに出されていたのを、人妻工作員兼投資仲間の主婦みゆきさんが連絡してくれた。意外と普通に建っているという。最初はまったく買う気はなかったが、面白そうだったので、自宅から約一二〇キロ離れた室蘭市まで見に行った。

現場で不動産業者（通称・キムタク不動産）と待ち合わせ。内部を見せてもらう。案外キレイだった。しかし、接道がなく、幅八〇センチ程度の**ケモノ道のような私道**に面していた。その上、急斜面に建っている。フロントから見ると二階建てだが、裏から見ると三階建てだ。その地下室に、寒そうな風呂がアル。**一九六三年式**だ。キムタク不動産にいった。

「この物件、まず、ボロいので、自分で住む人は買わないと思います。かといって、投資家が買っても**ロットが小さい**ので、あまり意味がありません。リフォームもいくらかかるかわかりません。地下の風呂に行く階段も、天井が低いので**イナバウアーを実施**しながら降りないと、アタマをぶつけます。ワタクシもすでに八棟所有しているので、これ以上物件を購入しても仕事が増えるので困ります」

「はい、わかります」

20万円で一戸建てが買える（土地付き）

「投資家としては、運営する自信がありません。しかし、**挫折した芸術家**としては、この物件にペンキを塗ってリフォームしてみたいという願望があります。ですから、この物件、**一五万円**でいかがでせうか？」

「鬼のような指値」（商標登録申請予定）を入れた。

その値段を聞いたキムタク不動産は、一瞬のけぞって、イナバウアー状態になった。

「わかりました。売主様に伝えてみます。……一五万円は難しいとは思いますが。買付証明書は不要です。口頭で伝えます」

数日後、キムタク不動産から着信アリ。

「加藤さん、一五万円は無理ですが、二〇万円ならどうでしょうか？」

売主様からの**カウンター・オファー**である。

「エッ～！　……いいですよ」

結局、フンパツして**二〇万円**で購入することになった。実は、三五万円までなら投入してもいいと考えていた。

二〇〇六年八月一六日、決済。現金決済だと、捺印も三文判でいいので楽だ。売主様は七〇歳代の上品な女性。

「十数年前に他界した主人の相続物件なのですが、毎日、早く売れるように主人の**仏壇に向かって拝んで**いました。娘も『いい人に買ってもらってよかったね』と喜んでいました」

「ワタクシも、こんな**ステキな物件を寛大な価格**で譲っていただき嬉しいです。頑張って労働力投入して、物件を維持します」

美しい決済だった。立ち会ったキムタク不動産屋も**涙ぐんで**いた。

「私も数々の売買に立ち会いましたが、こんなに**ステキな決済**は初めてです」

後で知ったことだが、一〇年くらい借りていた入居者が退去したため、売主様はこれを機に売却を考えたようだ。古くてリフォームにお金がかかるようなので、貸家としての運営をあきらめたとのこと。二人の子供も本州に住んでいるので、維持できなかったそうだ。

不動産の売買にはドラマがある。何度も取引することによって、人間的に成長させてくれる。

利回りはなんと二三%

この二〇万円の戸建物件の決済時に、売主様から面白い話を聞いた。

「実はあの物件、二階が一部屋しかなかったんです。しかし、以前の入居者の方に子供が三人いて、**いつのまにか二階に六畳一間を増築**していた。引渡しの時に部屋が増えていてびっくりしました。十数年前の話です。なお、その人の職業は水道屋さんでした」

2LDKが知らない間に増築され、3LDKになっていた。ワタクシとしては、実は、このほうが貸家にしやすかった。決済後、早速、リフォームに「労働力投入」だ。

二〇〇六年九月に、洗練された投資家で、利回り五三%の貸家を所有する男前な「図面舞踏会」のメンバー・ヒラガさんと一緒に、**やぶ蚊**に体を数十カ所刺されながらも、**頑張りの精神**で外部を塗った。ヒラガさんもペンキを塗りながら、この物件を欲しがっていた。

翌一〇月、シルバー人材センターのご老人二人とともに、室内を塗装した。人件費は八万円くらいだったと思う。ペンキ代が二万円ほど。しかし、シルバー人材センターの規定には、ペンキの搬入はしない、高いところには上らないなど、制限がある。大きい仕事は、塗装屋さんに発注したほうがいい。シルバー人材センターのご老人が帰ったあと、ＮＨＫのラジオ深夜便を聴きながら、夜中の二時までペンキを塗った。フランス製の寝袋を持ち込み、現場で寝た。過酷で孤独な「労働力投入」だ。フランス製の寝袋も、よく見たら**中華人民共和国製**だった。つまらない夜だ。

カーテンのない寒い部屋で眠った。疲れていたが、翌朝七時に人材センターのご老人にたたき起こされた。おまけに、ご老人は壁紙のノリのビンをひっくり返して**朝から大騒ぎ**だった。夕方には帰ってしまい、ワタクシひとりで夜の一〇時まで、残りの部分を塗った。その後、ペンキの缶を二〇缶、大工道具やゴミを二〇メートル離れた車まで一〇往復くらいして積み込んだ。連日の過酷な「労働力投入」と睡眠不足で、疲れ切った体には堪えた。そして、約二時間高速道路を走り、一二〇キロ先の自宅までたどり着いた。

過酷な「労働力投入」の割には、購入後七カ月間、入居者が決まらなかったが、二〇〇七年三月三日のひなまつりの日に入居者が決定した。四万三〇〇〇円で募集していたが、母子家庭で長く住めるというので、月額三万七〇〇〇円で賃貸することになった。

表面利回りは**二二％**である。過酷な「労働力投入」の日々も、いい思い出である。

指値以上の値引きもある

四棟目のアパートメントは、築三八年で購入シタ。購入直後は「なぜ、こんなボロ物件を購入してしまったのだろうか？」と悩んだほどだ。しかし、現在は、案外健闘している。所有物件の中では、一番土地の坪単価が高い。六気筒（六戸）の部屋数を四気筒（四戸）に改造した。部屋が空いても、住宅密集地なので、適正な家賃で募集すれば、すぐに入居者が決まる。

この物件は二〇〇五年八月に、アパート付きで六五〇〇万円で売りに出されていたのだ。ワタクシは四五〇〇万円で購入しようと思ったが、仲介不動産屋さんに、絶対に無理と却下された。仕方がないので、**物件のブロック塀の上で、六一〇〇万円の買付証明を書いた。**

数日後、仲介不動産屋J社の担当者（通称・エビちゃん）から着信があった。

「実は、月収一二万円と聞いていましたが、よくよく調べると、月収九万円でした。ですから、申し訳ないので、**五〇〇万円**でどうでしょうか？」と提案された。提案型営業だ。

「え～！　いいですよ」

一度驚いてから承諾シタ。**指値より安い価格**で買えることもあるのだ。**売値の二三・〇七％引きだ**。

毎月三万円の減収よりも、**初期の段階で一五〇万円値引き**してもらったほうが嬉しい。

仲介手数料も、売買価格に**比例して安くなる**。最終的には、ワタクシが**最初に思い浮かべた金額**に近くなった。

九万円だった月収も、一室退去後、リフォームして、**やや家賃を上げて募集**。その結果、現在は月収九万八〇〇〇円になり、利回りは**二一・六％から、二三・〇四％に向上**した。

滞納常習者もいたが、何度か家庭訪問をして事情を聞き、よく話し合った。その後、**携帯メール**でやりとりをするようになってから、**滞納が改善**された。

ところで、この物件を購入した約一年後、更地になった同じ五〇坪の面積の隣地が一三二〇万円で売りに出されていた。買った瞬間に含み益が出た珍しいケースだった。

現金決済とキャッシュフローが資産を増やしていく

現金決済は楽だ。早いし、売主様も喜ぶ。大幅な値引きができる場合もアル。「鬼のような指値」（商標登録申請予定）も現金決済だから威力を発揮する。また、三文判で決済できるし、抵当権もつかない。休日に決済ができる。売主様の家で決済したこともある。

不動産購入にあたり、現金は非常に有利な武器だ。できるだけ節制して、貯金を増やそう。ワタクシはアメリカから**猿岩石状態**で帰国した時に、自宅、ナウでヤングな車、結婚をあきらめた。

つとめ人時代は、**過酷な労働の割には安い賃金で酷使**された。その中から、少しずつ貯金した。最初の軍資金は六〇〇万円だった。今でも、一八万円で購入したトヨタのチェイサー4WDに乗っている。平成六年式だ。走行一六万キロである。整備するのが好きなので、絶好調だ。タイヤだけ贅沢をして、横浜のアドバンをはいている。ペンキを積んだり、山岳地帯の物件を見に行ったりするので、ボロい車のほうが、過酷な走行には向いている。

タマにはカッコいい車に乗りたいが……。

自宅も所有していない。父の遺した一九七四年式の４ＬＤＫに、年老いた母と住んでいる。しかし、**貸家は三戸持っている**。テレビも、妹の旦那の実家からもらった二〇年前のモデルだ。結婚もタイミングを逃し、いまだ独身だ。今でも、一カ月二〇万円くらいあれば、けっこう楽しい生活もできる。

そして、残った資金を、**全額、不動産の取得のために投入**した。二年一カ月で九棟購入したが、すべて現金決済だ。戸建一棟のみ、決済後抵当に入れ、国民金融公庫から四〇〇万円借りた。一〇年固定、金利二・〇％。残債は二〇〇七年三月現在で約三五〇万円だ。

しかし、この借金も不要だったのは、すでに述べた通り。早く返済してスッキリしたい。

物件を続けて買うには、購入した物件のキャッシュフローを、できるだけ次の物件に投入することだ。これを**繰り返す**。そうすると、**複利の力**が強烈にプラスに働く。そして急激に資産が増えていく。後半は、ほとんどキャッシュフローのみで買える。贅沢品は、あとでいくらでも買える。**資産がある程度増えるまで、じっと耐え忍ぶことだ。**

物件を買うタイミング

市場の動向、金利、固定資産税評価額など、物件を買う外的要素は多数あるが、一番重要なことは、**自分のペースで買うこと**だ。自分の都合のいいタイミングで買おう。無理をしてはいけない。人によって、予算、属性、営業力が違う。自分に見合った物件を買おう。

ワタクシは、二年一カ月で九棟の物件をすべて現金で決済シタ。後半は、安くてボロい物件ばかりだが。

八棟目の五〇〇〇万円のアパートメントを購入した直後、貯金が二〇〇万円しか残らなかった。どうしようかと思った。財務がタイトな時期だったが、無担保の物件を複数持っていて、マネジメントが健全であれば、すぐに回復スル。

物件を買う間隔は、体験上、**半年以上開けたほうがいい**。理由は、取得税の支払いもあるし、物件が確実に稼動するのを確認しなければいけないからだ。また、ある程度キャッシュフローが貯まれば、次の物件の購入資金に充てられる。

第5章

高利回りは自分で創造する

ボロ物件だからこそ、激安リフォーム

個人的な考えであるが、リフォーム費用はできるだけ抑えるべきだ。

その理由は、建物の修繕に予算を投入するよりも、次の利回り三〇％以上の満室の物件を買ったほうが、キャッシュフローが加速するからだ。

また、少なくとも北海道の賃貸市場では、投入したリフォーム費用に対する家賃のリターンが少ない。さらに、多額の金額を投入しても、入居者が決まるまでの間、投入資金が固定されるので、面白くない。

物件の価値によって、投入金額をコントロールしよう。

テレビ番組の「大改造‼　劇的ビフォーアフター」のように、一〇〇〇万円くらい投入して、**芸術に走るリフォームはNG**だ。

リフォーム業者は、時として過剰なリフォームを提案してくる。工事代金を増やすために提案する業者もあるが、単に、募集家賃や物件の財務を知らずに、悪気がなくて提案してくる場合もアル。

この場合は、業者に物件の財務的な部分を諭すように説明すればわかってくれる。

常に、低予算でリフォームできる方法を考えよう。

また、最初から業者に予算を伝え、「この予算で、どこまでリフォームできるか?」と、逆に提案してもらう方法もアル。

カリスマ投資家たちも、ボロ物件ではリフォーム代を抑えている。

二〇〇六年五月に、四国のカリスマ投資家「うっちゃん」こと内海芳美さんが、ワタクシとの対談CDを収録するため、北海道に上陸シタ。

この「うっちゃん」は四国で、二〇〇万円で表面利回り六〇%、四五〇万円で表面利回り五三%という、破格のプライスでアパートメントを購入している。

「うっちゃん」は北海道上陸後、四棟目のアパートメントの空き部屋のリフォームにアイデアを出してくれた。その上、「労働力投入」して、フローリングを張ってくれた。その時の言葉だ。

「古くて家賃の安い物件でも、新しくて家賃の高い物件でも、大工さんの手間賃は同じ。だからこそ、古い物件は、新しい物件のようにリフォーム代にお金をかけてはダメなんヤ

〜！」

その通りだと思う。ちなみに、「うっちゃん」の所有物件で、夜逃げした入居者が、逃亡先から家賃を振り込んできた話には笑った。真面目なのか、不真面目なのかわからない入居者だ。

床屋のモデル風味の男前で、首都圏で築浅の高利回り物件を多数持つ、洗練された投資家の松田ジュン氏は、「家賃の設定によって、投入するリフォーム代は違う」という。

ワタクシは、物件の資産価値と残存価値によって、リフォームへの投入金額を調整する。残存価値があり、かつ、設定家賃が高い物件に対しては、徹底的にリフォームするほうがいい。

それに対して、激安のボロ物件は、創意工夫でリフォーム代を抑えるようにしている。

家賃の値下げよりも、リフォームで集客する

購入当時、築一〇年だった一棟目の「Ｋ・ｉ」は、購入の三カ月後に、九五万八〇〇〇円を投入して、外壁を塗り替えた。

そのまま物件の管理を依頼した仲介業者からは、朽ちた外壁のまま、家賃三万円で募集して満室にしようと、**変な提案**をされた。

しかし、三三平米の広いワンルームで、内装はキレイだった。外壁さえ修繕すれば、なんとかなりそうな物件だった。

その業者の意見を**却下**して、外壁の塗装とリフォームを実施シタ。Ａ４サイズに引き伸ばした物件の写真に直接色を塗り、ナス紺に黄金のストライプで縁取りしたデザインにして、近所の塗装屋さんに持参した。その色を塗った写真の通り忠実に塗ってもらった（詳細は一四七ページ）。

その結果、数カ月で満室になった。現在の平均家賃は四万一〇〇〇円前後。札幌市内の

ワンルームでは、やや高めの設定だ。

二〇〇四年九月一九日に父が他界したが、塗装はすでに発注していたので、父の葬儀の約一週間後に実施。塗装屋さんは、気を利かせて工事の延期を提案したが、生前の父は仕事を優先する人だったので、予定通り実施シタ。

塗装屋さんの社長は、夫婦で父の葬儀を手伝ってくれた。涙をこらえての外壁塗装だ。できあがった青い外壁は、父を亡くして寂しい心を鎮めてくれた。

その直後に、**管理業者にサヨナラ**をして、自分で管理することに決めた。結果的には正解だった。**自主管理**することによって、**アパート経営のノウハウ**を得ることができたからだ。交渉力も飛躍的にＵＰした。

沈んだ床も激安に持ち上げる

四棟目のアパートメントは、売主様が、駐車スペースを確保するため、階段の支柱を切ってしまい、木材で二股に分けていた。

足場に使う伸縮棒で補強

ところが、その部分が一〇センチくらい重みで沈んでしまっていた。

そこで、ワタクシのアイデアで、塗装屋さんが足場に使う収縮する棒をあてがい、落ちかけた床を持ち上げた（写真参照）。

この改造は、リフォーム屋さんの副社長にたいそうほめられた。

「低予算で、かつ効果的な補強だ」

この棒を四本使用した。

購入したのは、近所のホームセンター、ジョイフルＡＫ（アーカーと勝手に発音している）で、一本二九八〇円だった。購入直後のリフォームは、一〇万円以下に抑えられた。

時々、水道管を交換したり、トイレが詰まったりするが、これは許容範囲だ。

この四棟目のアパートメントは**住民の精神**で建っている。

家賃設定が三万円以下なので、住民も最低限のリフォームで納得しているのだ。

あと一〇年くらいは建物を持たせたい。

最も簡単で激安なリフォーム方法

一番安価なリフォームは、電球をすべて**一〇〇ワット**に換えることだ。一個一七〇円くらいで交換できる。部屋が明るくなって、内覧者が喜ぶ。照明をすべてONにしておき、ブレーカーを切っておく。内覧時、ブレーカーを上げた瞬間に、すべての照明が点灯スル。

ハリウッドの撮影現場のような、光の演出だ。

この方法は、かつてワタクシがマドンナのミュージック・ビデオ「レイン」に出演した時に、マドンナの撮影現場で行われていた光の演出を物件に応用したものだ。少しは、アメリカでの体験が役に立っている。

ちなみに、水を使うシーンで、マドンナがびしょ濡れになり、ワタクシの目の前で全裸になったのには閉口した。困った人だ。

乳首は黒く、けっこう遊んでいるようだった。

「ヒロ、煙草をちょうだい」

ハリウッドで学んだ照明効果。間接照明もイイ！

本番のカメラが回る直前に、大勢のスタッフが見守るなか、ワタクシにタバコを求めてきた。仕方なく、手持ちのマルボロ一〇〇ミリを渡した。

「この煙草は嫌い」

スタッフがあわててマドンナがいつも吸っている煙草を持ってきたので、ワタクシは戻ることにした。

「ヒロ、アタシの煙草に火をつけて」

マドンナはワタクシを帰さない。緊張感漂う現場で、マドンナの煙草に火をつけた。

「ヒロ、煙草の火を消して」

二、三服吸っただけだ。わがままな人だった。ワタクシも、けっこう弄ばれやすいタイプなので、マドンナもからかっていたと思う。

出演者も、マドンナ自ら選ぶようだ。

「ヒロ、あなたのオーディションのＶＴＲを見たけど、面白くていいわよ」といわれたこともある。明るい照明を取り付けるたびに、マドンナとのやりとりを思い出す。

さて、話を戻すと、トイレや風呂など、電球のワット数が指定されている場所は、そのままにしているほうが無難だ。火災の危険性があるからだ。

物件と隣家の間隔が狭く、日光が当たらずに薄暗い場所は、地面に白い砂利や砕石を敷く。光が反射して、若干明るくなる。ただし、直接人間が歩く場所は、汚れやすいので注意が必要だ。

二棟目の「女子限定アパートメント」は、自動販売機の前に、白い砂利を敷いている。夜間、光が反射して明るい。間接照明だ。夜間、遠くからでも物件を認識しやすい。

これは、照明の少ない田舎の夜にいい。夏にムシが集まるのが難点ではあるが……。

どれくらいリフォームすればいいのか

格安物件、ボロ物件の場合は、最低限のリフォームでいいと思う。ワタクシの場合、ある程度リフォームして、相場よりやや安い家賃で募集スル。入居者が決定してから、リクエストに応えてリフォームすることもある。

時には、現状のままでいいから家賃を値引きしてほしいという入居者もいるので、なんでもリフォームすればいいというわけではない。

多額のリフォーム代を投入して、**入居者がしばらく決まらなかったら、つまらない。**

リフォーム会社に依頼すると、過剰な設備を提案してくる場合がある。よく考えて、必要な部分だけ発注しよう。

新聞折り込みのリフォーム会社のチラシを常に収集して、相場と単価を把握しておこう。

二棟目の「女子限定アパートメント」では、購入直後のリフォーム代は約一〇万円だ。

セキュリティ・ライト二個と、駐車場に切り込み砂利を敷いただけだ。セキュリティ・

ライトは一〇〇ワットの**ハロゲン球が二個**付いているので、死角がナイ。センサー式なので、必要な時だけ点灯する。センサーの感度も、点灯時間も簡単に変更できる。近所にあるホームセンターのジョイフルＡＫで二九八〇円だ。安い割には効果がアル。

光のリフォームは、アメリカで住んだ物件と、**ハリウッドの撮影現場のライティング**を、物件に応用している。**安くて効果大**である。

なお、ワタクシのリフォーム代の基準は、アパートメントの場合、一部屋あたり最大で**家賃の六カ月分**を上限と考えている。

逆に、家賃の一カ月分に収まればラッキーだ。このことを考えると、満室で物件を譲り受けた場合、スタートが楽だ。最低六カ月間満室のままであれば、退去が発生した時も家賃のストックからリフォーム費用を捻出できる。

一戸建ての場合なら、安く購入できれば、もう少しリフォーム代を投入してもいいかもしれない。

どの程度リフォームするかは、目指す利回り次第

激安物件を購入した場合、リフォーム費用に莫大な資金を投入すると、実質利回りが低下する。かといって、最低限、入居者がすぐ入居できるようにしておかなければいけない。このあたりの予算配分が難しい。

リフォームに多額の資金を投入すると、必然的に利回りが低下する。かといって、あまりにも手を加えていない物件であれば、入居者も決まらない。**設定家賃、家賃相場とのバランス**によって違ってくる。

ちなみに、次のようなリフォームが、今まで入居者に好評だった。

・便座をウォッシュレットに交換……約三万円
・フローリング……ひと部屋につき六万円から一二万円
・セキュリティ・ライトの設置……一基二九八〇円

・敷地に砕石を敷く……一平米三〇〇〇円から一万円
・シーリング・ライト……四〇〇〇円より
・電球を一〇〇ワットに交換……一個一三〇円くらい
・芳香剤を置く
・入浴剤、シャンプー、せっけん、ヒゲソリなどの備品を複数で設置
・カップラーメン、カップ茶漬けなどをサービスで置いておく

インスタント食品や日用品を置いておくのもリフォームのひとつ

リフォームの金額は家賃六カ月分以内

すでに述べた通り、リフォームに投入する金額は、**家賃の六ヶ月分**が上限だと思う。立地条件、築年数、間取りによって、投入する金額も違うが、リフォーム代を半年分の家賃と考えると暗算しやすい。五万円の家賃だと、一戸あたり三〇万円だ。逆に、リフォーム代が一カ月分で収まれば、ラッキーだ。

小樽市にある母の物件は、一九八〇年式、２ＬＤＫの六気筒（六戸）だ。四万五〇〇〇円で貸していた部屋が二〇〇六年五月に退去。しばらく放置プレイを実施して、そのまま募集をしたが、数人の内覧があっただけで、入居が決まらなかった。その後、一〇月に四万三〇〇〇円で貸していた部屋も退去になった。困った。このままではいけない。そこで、大工のオオヤマさんと相談して、リフォーム大作戦を実施シタ。

クッション・フロアが張ってあったリビングは、二戸とも高級・**ナラ材**のフローリングを張った。本来の木の色に、透明のニスを塗っただけの素材だ。明るい色だと、床に日光や照明が反射して、部屋全体が明るくなる。ワックスを塗ると、さらにイイ。

壁紙も七〇％くらい張り替えた。淡い黄色の壁紙だ。純白だと、圧迫感があり、汚れも目立つ。寒い北海道の内装は、暖色系がいい。特に冬期に暖かく感じるようだ。もし、沖縄だったら、逆に淡いブルーがいいかもしれない。涼しく感じるだろう。

一戸は六畳和室の畳の表替えを実施。トイレには、ウォッシュレットの便座だけ交換。ジョイフルＡＫで、一個二万四〇〇〇円くらいだったと思う。購入後、店舗からオオヤマさんの自宅に直接発送したので、持ち運びも不要だった。

外階段には、一個二九八〇円で購入したセキュリティ・ライトを二個装着。二灯式なので死角がナイ。一階の階段の天井と、二階の階段の天井に取り付けた。配線の加工が必要だったので、電気屋さんに依頼シタ。

このリフォームの総額は約四八万円だった。二〇〇七年一月にリフォームを実施して、三月に二戸とも入居者が決定した。それまで四万五〇〇〇円で貸していた部屋は、駐車場込み五万円で貸している。四万三〇〇〇円で貸していた部屋は、四万五〇〇〇円で入居者が決まった。

決定後、すぐにオオヤマさんに感謝の電話を入れた。オオヤマさんも大喜びだった。ありがたい。家賃も二戸で七〇〇〇円上がった。リフォームに対する投資利回りは一七・五％だ。物件自体の利回りは二六・八％から、二七・五％に向上した。**一九八〇年式の物件でも、収入が上がる**のだ。

2LDKのアパートメントは、一度入ると**なかなか退去しない**から好きだ。長い人だと、一〇年以上住んでいる。つまり、リフォームの頻度が低いので、大家も楽だ。

また、2LDKであれば、一人から四人が住めるので、入居者のターゲットも拡がる。若干古い物件でも需要がアル。親戚や友人が近所に住んでいる場合、他の場所には住めない人がいる。生活保護世帯、母子家庭の需要もアル。

2LDK以上の物件の入居者が、なかなか退去しない理由を考えた。おそらく、一度入居すると、二人以上の意見が一致しないと、退去に至らないからではないだろうか。幼い子供がいる場合、学区の問題もあり、なかなか転居できない人もいる。また、古い物件の場合、ペット飼育可能にして募集すると、入居者のターゲットが拡がる。この場合、営業マンにひと言添えておけばいい。

DIYの気持ちで、楽しく直す

実物大（1／1）のプラモデルのような感覚で物件を塗ってみよう。仲間と一緒に塗るのも楽しい。仲間に少し日当を払えば、大喜びだ。

ワタクシの場合、物件で作業をする時に、CDラジカセを持ち込む。好きな音楽やラジオを聴きながら、「労働力投入」する。そうすると、疲れを感じない。そして、飲み物や食べ物を持ち込み、適度に休憩を取る。

地元の賃貸不動産屋にもアポを入れ、「今、物件の中で労働力投入中なので、打ち合わせに来てほしい」といえば、直接物件を見ながら詳細を説明できるので、一石二鳥だ。時間の節約にもなる。少し時間をずらして、数社の営業マンに来てもらうと効果的だ。あらかじめ用意しておいた**図面や写真をその場で配布**する。リフォームについて、不動産屋に提案してもらうのもいい。

ワタクシは、アパートメントや戸建を芸術作品だと思っている。自分の思った通りの色

ペンキは自分で塗る（如意棒を使って20万円の戸建を塗装）

で表現できる。ハリウッドで挫折して以来、寒い北海道で、ワタクシの中の芸術的な表現が封印されていた。その部分を不動産によって表現できるので、嬉しい。

激安物件であれば、ペンキを塗る時に、若干失敗しても大丈夫だ。二〇〇六年八月に、ワタクシが講師を務めた東京のセミナーで、どうすればペンキ塗りが上達するのかという質問を受けた。答えは「とにかく塗りまくる」ことだ。

塗っていくうちに、みるみる上達する。色の選択やペンキの選び方も上達する。特に、室内を塗る水性ペイントであれば、初心者にもおススメだ。においもなく、水で薄めるので、塗りやすい。

カラー・コーディネートで入居率UP！

物件を塗る時に、どんな色で塗るかはとても重要だ。あなたのセンスが問われる。

一棟目の「Ki」をナス紺に塗った時も、当時の管理会社の人に反対された。

「茶色やグレーなどの無難な色を塗るほうがいい」

この意見を**却下**して、自分の好きな色に塗った。

挫折したハリウッド俳優が帰国して、表現できずに苦悩していた時、唯一の芸術的表現がこの外壁塗装だった。

「Ki」の場合、メイン・カラーは**ナス紺**。サブ・カラーは**淡い黄色**。アクセントに**金色の縁取り**をしている。縁取りをすると、高級感が増す。

メイン・カラーとサブ・カラーの比率は**九対一**、もしくは**八対二**。アクセントは一％。

外壁に寒色系を使用したので、ドアは暖色系がいい。寒い北海道の室内も、暖色系で塗るのがいい。

北海道は緯度が高いので、太陽光線の関係で、寒色系の色が映えるそうだ。逆に、沖縄やジャマイカなどの緯度の低い地域は、赤やオレンジなどの暖色系が映える。緯度や街並みによって、映える色が違うので、それぞれ研究してほしい。

さて、外壁の色を決めるまでの方法を教えよう。デジタルカメラで、斜め前方から写真を数枚撮る。映りがよく、バランスがいい写真を選出。書店で色見本カード一九九色などを購入して、自分の好きな色、塗りたい色を選出。

Ａ４サイズに写真を引き伸ばし、実際に色を塗ってみる。四二〇円くらいで、ペンキの一番小さい缶が売っているので、実際に塗ってみよう。乾燥させ、カラー・コピーをとり、オリジナルを塗装屋さんに持っていく。そうすると、塗装屋さんもペンキが塗りやすい。塗装屋さんの休憩室に置いてもらえば、職人さんがイメージしやすい。一度塗ったら、なかなか変更ができないので、色は慎重に選択しよう。

五棟目の戸建物件の時は、ＫＡＴＯという鉄道模型会社で発売している戸建のプラモデルの中から、物件に似ている形のモデルを選び、実際に色を塗って、職人さんの休憩室に置いてもらった。

アパートメントのプラモデルも売っている。一個一五〇〇円程度だ。外壁塗装には数十

オシャレなナス紺色、ナウでヤングな塗装で入居率ＵＰ

万円から百数十万円かかるが、プラモデルや写真なら何度でも失敗できる。夜中や悪天候の日でも、自宅でできるので効率がいい。

「Ｋｉ」は塗装後、二カ月で六戸中五戸が入居し、半年後に満室になった。購入時約一〇％だった表面利回りは、三〇・九五％に向上した。

五棟目の戸建物件も、「Ｋｉ」を塗った業者に発注した。一度、同じ色を塗っているので、職人さんたちも作業がやりやすかったようだ。二〇〇五年一二月に塗装を開始し、塗りあがった翌日に大雪が降った。ギリギリのタイミングだった。

書店や文房具屋で、カード式の色見本や、カラー・コーディネートの本が売っているので、購入して研究しよう。

二〇万円の戸建を激安リフォームする

激安で購入できた物件だからこそ、多額のリフォーム代金を投入してはいけない。アイデアと根性で乗り越えよう。

二〇万円で買った戸建物件のリフォームの内容を紹介しよう。台所の瞬間湯沸かし器取り付け、約四万円。壊れた風呂釜の交換、約四万円。シルバー人材センターのペンキ塗り、約八万円、美装八〇〇〇円。カーペット八畳分、約三万円。六畳分、二万円。ペンキ代、約二万円。その他の材料、約四万円。合計で二三万円前後だったと記憶している。

カーペットは、近所のホームセンター、ジョイフルＡＫで、リビングと二階の洋間のサイズに切ってもらい、物件まで発送してもらった。伝票にレジャー・ロック（一六七ページ参照）の開け方と暗証番号を記入し、配送ドライバーに部屋の中まで搬入してもらった。自分で運ぶと重い。送料は三〇〇〇円前後だったと思う。この作戦は気に入っている。

リビングは、昔の学校の床のタイルのような三〇センチ四方の深緑の素材だ。部屋が暗く感じる。しかし、**フローリングを張っても、家賃に反映できないと判断**した。そこで、淡いベージュのカーペットを敷いた。照明も新品を取り付けた。また、アメリカのアパートメントを借りていた時に使用していた、間接照明もサービスで置いた。天井を照らすスタンドだ。電球は一〇〇ワットに交換。ハリウッドで映像の仕事をしていたためか、リフォームで照明とカラー・コーディネートにはこだわりを持っている。光の演出で、入居者を歓迎しよう。一部屋に光源が二個以上あるほうがいい。影ができない。また、蛍光灯との併用で、白熱灯を使用すると、温かみがある。安ければ、二〇〇〇円以内で買える。

この物件では取り付けなかったが、便座だけ取り替えるウォッシュレットがある。取り付け費用込み三万円以下で交換可能だ。女性の多い家族に好まれるようだ。なお、新品のビニールは付けたままにしておこう。

入浴剤、石鹸、シャンプー、スリッパ、歯ブラシ、ひげそり、バスタオルなどを備え付けるのもいい。カップ茶漬けを置いたこともアル。若い女性の入居者が非常に喜んでいた。この場合、大切なことは複数置くことだ。家族や友人、恋人が来た時に、すぐに泊まれるようにしておく。イメージがわかない人は、近代的なラブホテルの備品を参考にすればいい。

遠距離物件のリフォーム

さて、この二〇万円の戸建物件、ワタクシの自宅からは離れたところにあるため、実は物件の**隣人のサカイさんに管理**してもらっていた。すっかり信頼して、合鍵も渡していた。また、投資仲間で人妻工作員のみゆきさんにも合鍵を渡し、時々、窓を開けて通風してもらった。一度、入居者が決まりかけた時、契約書とともに、大入り袋に一万円を入れて送った。結局、その人は転進したが、新たな入居希望者が物件を見に来た時、親切に案内してくれたそうだ。「貸家」の看板を指差し、ここに直接電話をすれば、不動産屋さんを通さなくていいと助言してくれた。その時の四人家族が入居することになった。

電話で、その入居者に挨拶をした。

「ボロ物件で申し訳ございません」

「いえいえ、キレイにリフォームされています」

思いのほか喜んでいた。撤去されていたストーブも取り付け、石油タンクに一〇〇リットル、石油も入れておいた。すぐに住める状態にしておいてよかった。

ケルヒャーの洗浄機で、地下にある風呂と浴槽、倉庫を洗浄し、倉庫はアイボリーに塗った。倉庫は三畳分ほどの広さで、高さは二メートル。四時間くらいかけて塗った。光があまり差し込まない暗い地下の倉庫の内部は、明るい色で塗装するのがいい。

二股の電球のソケットに、一〇〇ワットの電球を二個取り付けたら、明るくなった。アイボリーの壁に反射してキレイだ。廊下の壁の板にも、床用ワックスを塗って、できるだけ光を反射するようにした。リンレイのフローリング用ワックスが安くてよく光る。そして塗りやすい。

美装はシルバー人材センターのオバサン二人が入ってくれた。費用は四時間で八〇〇〇円だ。仕事ぶりを確認できなかったが、みゆきさんの話によると、キレイになっていたそうだ。

誠実な隣人にも恵まれた。ありがたい。

いつでもリフォームできるようにする

いつでも、どこでも簡単なリフォームを自分で実施するために、空き部屋のある物件を訪問する時は、道具を車に積んで、現場に向かおう。

ケルヒャーの高圧洗浄機は、大いに役に立っている。外壁の汚れ、風呂などは、これで洗浄できる。

ワタクシは、ホームセンターのジョイフルＡＫで購入した一万六八〇〇円の２・３０という小型マシンを使用している。もう少し大型のマシンの購入も考えたが、小型機を購入して正解だった。

九棟の物件を巡回して洗浄する時、持ち運びが便利だからだ。二階建てのアパートメントが多いため、二階まで運んで洗浄する時も、さほど重くない。風呂場を洗浄する時も、場所を取らない。オプションの延長高圧コードをつなげば、さらに使い勝手がよくなる。汚れた物件を洗浄すると、なぜか気分がスカッとする。

汚れはケルヒャーで一発洗浄

インパクト・ドライバー（電動式ドライバー）もよく使う道具のひとつだ。ワタクシは、日立の一二ボルトを愛用している。一万円台後半で売っている。バッテリーがひとつのタイプは、一万円以下で買える。いちいち、手作業でドライバーを回していられない。これを使えば、作業効率が格段にUPスル。

しかし、便利だと思って購入した電動丸ノコは、一度しか使用していない。

リフォームでは、床や柱、壁、ガラスなど、磨けるものはすべて磨こう。なぜか入居者に好評だ。また、備品など、時代のトレンドを常に把握しよう。

第6章

効率的に入居者を集める方法

不動産屋さんの手間を取らせない

賃貸不動産屋さんを営業する時の効率的な方法を解説しよう。この場合、営業マンの**負担を減らす**ことが重要だ。ワタクシの場合、販売図面の価格を消して、大量にコピーして、そのまま営業マンに渡し、「勝手に図面をつくってください」といっている。

販売図面には、間取りや専有面積が載っているので楽だ。また、写真は、**セブン・イレブンの現像機**で、四コマ写真を一枚三〇円で焼き増しする。二〇枚焼いても六〇〇円だ。

そして、図面と写真を賃貸不動産屋さんに**配布**する。それぞれの店舗で、写真と図面をスキャナーで読み取ってもらおう。仕事がやりやすいように、こちらで書類を用意することだ。また、ワードで募集要項を作成し、家賃の部分だけ空欄にしておく。理由は、担当者に相場を聞いて、相談してから家賃を決めるほうが市場に即しているからだ。

なぜここまでやるのかというと、営業マンも忙しいので、わざわざ物件の写真を撮りに行き、間取り図面までつくってくれないからだ。やってくれたとしても、後回しになって

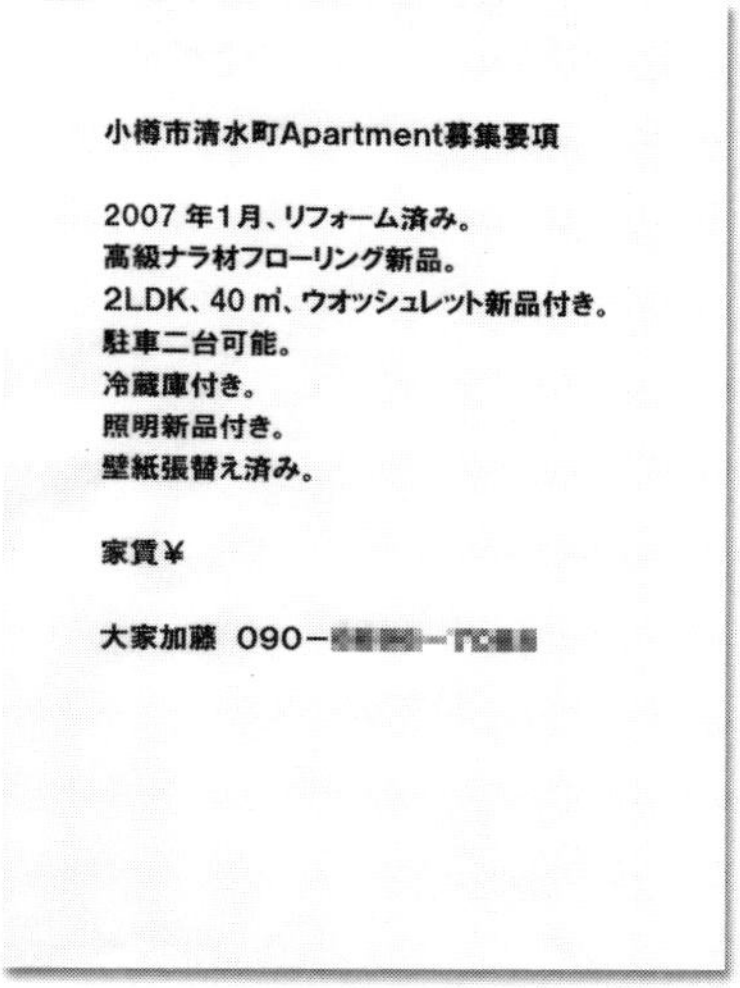
小樽市清水町Apartment募集要項

2007年1月、リフォーム済み。
高級ナラ材フローリング新品。
2LDK、40㎡、ウオッシュレット新品付き。
駐車二台可能。
冷蔵庫付き。
照明新品付き。
壁紙張替え済み。

家賃¥

大家加藤　090−[redacted]

家賃を空欄にした募集要項

しまう。その間に入居希望者がいたら、機会損失になる。

図面と写真と募集要項があれば、当日でも募集図面が作成できる。そして、すぐに不動産屋さんのホームページに掲載してもらえるように交渉しよう。これからリフォームする物件も「**現在、リフォーム中**」として掲載してもらおう。

そうすれば、明日、あなたの物件にピッタリの入居者が来るかもしれない。

実際に、四棟目のアパートメントの入居者募集で、賃貸不動産業者を営業した翌日に、募集条件にピッタリの入居者が決まったことがあった。

さて、不動産業者に営業する場合、事前に営業マンに「入居者が決まったら、担当者に謝礼を出す」という話をしておくといい。

「ご迷惑でしたら、**恵まれない子供たちに寄付**します」

といえば、慌てて、

「そんなことはありません」

というだろう。現金に抵抗がある人は、商品券でもいいと思う。

謝礼を渡す時には、他の社員に気づかれないようにしよう。周囲に人がいる場合には、「ありがとうございました」と書いた手紙に同封する。手渡す時に「感謝のお手紙が入っています」という。

しばらくすると、あなたの携帯にお礼の電話がかかってくるだろう。

客付けに限らず、いろいろな場面で不動産屋さんにはご祝儀を出そう。

お礼を渡す時に気になるのは、その相場だろう。ワタクシの場合、一〇〇〇〇円から三万円だ。

・「鬼のような指値」（商標登録申請予定）が通った場合、二万～三万円
・入居者が決まった場合、一万～二万円
・業者の車で物件を一緒に見学したが、購入に値しない場合、二〇〇〇円
・入居者が直前でキャンセルになった場合、一〇〇〇円（残念賞）

ほとんどの不動産屋さんの給料が、安い基本給＋歩合なので、大喜びだ。

アメリカに六年くらい住んでいたので、チップの習慣には慣れている。売れないハリウッド俳優で食べられなかった時代、ツアー・ガイドのアルバイトをしていた。リンカーン・タウンカーという巨大なセダンを運転して、観光客にロサンゼルスを案内していた。その時のお客様からいただいた**チップのありがたみ**をよく覚えている。気の利いたお客様は、最初に二〇ドルをくれた。そうすると、案内にも力が入る。当然、サービスもよくなるので、別れ際にも二〇ドルのチップをいただいた。旅なれた人だ。

この体験が、時代と国境を越え、不動産に役に立っている。

みんな、お金が欲しいから働いているのだ。

家賃の設定は現場の営業マンに相談

一棟目と四棟目のアパートメントは、札幌市東区にある。ここは賃貸不動産屋さんの**激戦地**で、この周辺に数十軒ある。ここをくまなく営業する。

八割の店舗は、一〇分以内で話が終わる。しかし、たまに感性の合う営業マンに巡り合う時がある。その場合は、一時間でも二時間でも話をしよう。市場の動向、設定家賃、空室率を詳しく聞こう。

ワタクシの場合、大手J社の川村店長（通称「劇団ひとり風味ナ店長」）は、最強のパートナーだ。彼とは一棟目の「Ｋｉ」購入直後に知り合って、入居者を四人決めてもらった。「図面舞踏会」にも時々参加してくれる。

満室になった今でも時々訪問して、カウンターで面白い話をする。この時、周囲の若手営業マンに、缶コーヒーやジュースをご馳走スル。気分のいい時は、ひとり一〇〇〇円くらい事前に工作資金を配給スル。皆、大喜びだ。今ではワタクシが訪問すると、若手が総立ちでお辞儀をしてくれる。帰る時も同様に、皆、立ち上がって挨拶をする。

四棟目のアパートメントで、家賃一万五〇〇〇円で貸していた部屋が空いたことがあった。間取りは1DKのリビングと和室だったが、これを広いワンルームに改造した。フローリングを張り、壁紙も張った。このリフォームは、「図面舞踏会」のメンバーと、四国のカリスマ投資家「うっちゃん」が協力してくれた。リフォーム後、家賃二万八〇〇〇円で募集したが、反応はなかった。

二カ月くらい様子を見たが、動きはナシ。そこで、「劇団ひとり風味ナ店長」に相談に行った。店長は、最近の事例を話してくれた。

「二万五〇〇〇円で募集して、なかなか入居者が決まらなかったアパートメントが、一万九八〇〇円で募集したところ、すぐに満室になった」という。

早速、家賃を一万九八〇〇円＋管理費にして募集。

その後、すぐに五本くらい問い合わせがあった。

数週間後に、月額、管理費込み二万三〇〇〇円の家賃で、入居者が決まった。

数千円の差で、反応がまったく違うので面白い。現場の営業マンに、設定家賃を相談するのが、一番理にかなっている。

入居者募集の看板も手づくりがいい

次は自分で看板を設置する方法だ。ワタクシは、**貸アパートや貸家の看板を自分で製作スル**。四五センチ×六〇センチくらいのベニヤ板と、一二〇センチから一五〇センチの杭を購入。ベニヤ板が三三〇円、杭が一本一八〇円程度だ。これを、インパクト・ドライバーを使い組み立てる。組み立ててから、最初に全体を塗装する。

普通は白を塗るが、ワタクシは淡い黄色を塗る。カンペハピオの室内用「クリーミーホワイト色」が好きだ。塗装するのは、水分の吸収を防ぐためだ。杭も塗ったほうがいい。一日経って乾燥したら、極太マジックの赤で「貸アパート」ないし「貸家」と書き、電話番号とセールス・ポイントを書く。

以前はペンキで書いていたが、乾燥に時間がかかることと、微妙なタッチが難しいことから、マジックに変更した。ただし、マジックは退色しやすいので注意しよう。ワードを使ってゴシック体で印字し、ソレを手本として書くと、上手にできる。

手書きの看板はけっこう反応がイイ

制作費は五〇〇円前後だ。安いし、使い捨てができる。九棟目に買った室蘭市の戸建物件は、この**看板を見た人が入居シタ**。看板は、近所の住民への告知になる。誰かが、あそこに貸家があると知らせてくれるのであろう。

ただし、看板を見て連絡してくる人は、**いい加減な人が多い**のも事実だ。すぐに入居したいので、家賃をマケテくれという割には、入居日直前にキャンセルする人も多い。しかし、市場が何を求めているかがわかるので、勉強になる。

地元の不動産屋さんが、大家が直接出している看板を嫌う時もあるが、その場合、入居者をそのまま業者に振って契約してもらい、仲介手数料を払う方法がお互いにいいと思う。

地元の情報誌に広告を載せるのもいい

地元の情報誌に、物件の有料広告を掲載するのもいい。

七棟目に買った旭川市の物件は、「ライナー」という情報誌に募集広告を載せた。三センチ×六センチの広告を二回掲載して一万七六〇〇円。しかし、これも看板同様、いい加減な人からの問い合わせが多い。

実はこの物件、けっこう苦戦している。三気筒（三戸）満室で購入したが、半年後に二人退去した。**瞬間最大利回り**三八・七二％あったが、退去してしまっては意味がナイ。

売主様の作戦だったのかもしれないが、後の祭りだ。

それでも現在、一一・四五％でまわっているので、なんとか維持はできる。購入価格も二五〇〇万円から三〇〇万円値引きしてもらって、二二〇〇万円で購入していたから、まだ泣ける金額だ。

しかし、最初に提示した一八〇〇万円で購入しておけばよかったと、**やや後悔**している。

購入してしまった以上、責任があるので、仕方がナイ。頑張ろう。救いなのは、購入後一〇カ月で、**本体価格の約二七%を回収**したことだ。

なお、物件の空き部屋には、合鍵を取り付けておく。商品名「**レジャー・ロック**」という、南京錠の中に合鍵が二本入れられるものがある。四桁の数字を合わせると、中から合鍵を取り出せる。この数字を、あらかじめ賃貸不動産屋さんの営業マンに伝えておく。そうすると、合鍵を業者に預けなくても、直接、内覧者をご案内できる。効率的だ。これは一個二九八〇円で販売している。

この鍵は六個くらい持っていて、入居者が決まるたびに取り外して、空き部屋が出ると取り付ける。その繰り返しだ。そのレジャー・ロックに、空き部屋の期間をマジックで書いておくと、後々、参考になる。

今までの体験上、物件の立地条件、家賃、ナウでヤングなリフォームなども、入居を決定付ける重要な要素だが、一番大切なのは、**大家の営業力**だと思う。どんなに立派な部屋に改造しても、その部屋を紹介してくれる人がいなければ、話にならない。情報誌に有料の広告を載せるのもいいが、賃貸不動産屋さんに、物件の写真や図面を持参して、営業するだけなら、お金もかからない。まず、あなたの物件を営業マンに知ってもらおう。

募集家賃は相場で決める

募集する家賃の設定について、ワタクシがリリースしているＣＤのリスナーから、よく質問を受ける。物件の状態とその地区の家賃相場にもよるが、ワタクシの場合、やや高めで募集を開始する。

その理由は、あとで家賃を上げて募集するのが困難だからだ。時期にもよるが、二週間から四週間、市場の反応を観察する。反応がなければ、直ちに家賃をやや下げて再募集しよう。この下げる幅は、二〇〇〇円から三〇〇〇円が妥当だと思う。

また、今まですべて中古物件を購入しているが、物件購入時の家賃設定が、あきらかに低い場合がある。こんなアパートメントが高利回りで売りに出されていたら、さらに利回りを上げることができる。ただし、現在入居している人の家賃は上げないほうがいい。そのほうが円満にアパート経営できる。**家賃を上げるタイミング**は、退去したあと、リフォームして、**新たに入居者を募集する時**だ。

募集する家賃の設定も重要だ。現在では、かなりの比率で、パソコンで物件を検索してから不動産屋さんを訪ねる入居希望者が多い。つまり、価格で検索する人が多いということだ。例えば、四万一〇〇〇円で募集するよりも、三万九〇〇〇円＋管理費二〇〇〇円で募集するほうが、検索にヒットしやすい。家賃に対し指値が入った場合も、この管理費から値引きをする。

現代では、入居者も学習していて、指値を入れてくる場合も多い。ある程度、賃貸不動産屋さんの権限で、値引きできる幅を与えておくと楽だ。ただし、指値が入った場合、心配性の人は、先に入居申込書をＦＡＸ送信してもらおう。申込書を確認してから家賃を下げてもいい。また、何年この物件に住む予定かを聞こう。ずっと住みたいという人は大歓迎だ。二年以内に退去されると困る。

今までの体験から判断すると、家賃に指値を入れるのが真面目そうな人であれば、下げたほうがいい。理由は、長く住みたいから家賃を安くしたいという人が多いからだ　若干家賃を下げても、長く住んでくれるほうが、リフォーム代もかからない。大切なのは、物件購入時に、「鬼のような指値」（商標登録申請予定）を入れて、できるだけ安く買うことだ。そうすれば、若干の家賃の値引きに耐えられる。

入居者は選ばず、寛大な大家になろう

ワタクシの場合、入居者の審査は、かなり甘いほうだと思う。その理由は、購入時に、「鬼のような指値」（商標登録申請予定）を入れて、相場より安く物件を購入しているからだ。購入時に値引きしてもらい、かつ、ある程度高利回りで運営しているので、若干の滞納にも耐えられる。

現在、九棟三四戸を所有しているが、月を越しての滞納は一人しかいない。

その滞納者は、二〇〇六年五月に二カ月半滞納したが、現在、滞納分の一〇万円については、月に一万円を家賃に上乗せして支払っている。

時々、上乗せ分を入金できない時もあるが、月々の家賃は滞りなく入金してくれる。

滞納が始まった頃、保証人であるお母様から電話があった。

「息子と連絡が取れない。部屋にはいるようだ。合鍵を貸してほしい」

実はこの日、四国のカリスマ投資家「うっちゃん」が北海道に来ていて、「女子限定ア

パートメント」を視察する予定であったが、急遽、時間を変更してもらい、アパートメントに向かった。

物件の前で、入居者のお母様が待っていた。聞けば、数日前から携帯電話に電話しても、呼び出し音は鳴るが、電話に出ないそうで、なにかあったのではと心配しているという。ワタクシも心配になった。なにか事件や事故に巻き込まれていなければいいなと願う。

呼び鈴を押しても、出てこない。いったん転進して（新たな作戦のため、一度退却すること）、近所のホームセンターのホーマックで合鍵をつくるため、お母様をワタクシの車に乗せた。車中で話をする。

「一度、息子さんに会ったことがあります。男前で、ナイスな青年でした」

「息子は、優しいけれども、少し心が弱いところがあってね。なにかあったら大変。でもね、大家さん、息子はあのアパートをたいそう気に入っています」

お母様自身も、実は生活保護を受けているそうだ。その中から、時々、息子のために家賃を払ったそうだ。生活も苦しかったらしい。

「これで、何か食べてください」

五〇〇〇円を渡したら、泣き出してしまった。

近所のホーマックで合鍵をつくり、アパートメントまで戻った。お母様は、部屋の中に入って、二〇分ほど出てこなかった。

ようやく出てくると、息子は生きているという。ほっとした。理由を聞くと、息子さんは少し前に仕事を辞め、母に心配させないように黙っていたらしい。

「大家さんごめんなさい。今はこれだけしか払えません」といって、家賃の半額の二万円を払ってくれた。

数日後、息子から着信アリ。

「大家さん、すみません。そういうわけで、失業しました。滞納した一〇万円は、分割して、毎月の家賃に上乗せします」

「わかった。あんないいお母様を悲しませないでくれ。もし財務がタイトであるならば、近所に住むお母様と同居すればいいのではないか？　そうすれば、家賃を節約できる。キミに直接会った時、いろいろ話したが、好青年ではないか。もし今後また財務がタイトになった時は、早めに報告してほしい。安いアパートメントを一緒に探そう。優秀な不動産業者を知っているので、すぐに見つかる」と提案した。

提案型大家だ。

結局、二カ月半滞納したが、その後の遅れはなくなった。今では、**盆と正月**には電話を発信し、「もし、**財務がタイト**になった場合、早めに連絡するように」と伝える。夜逃げされるよりはいい。まあ、人柄もよくナイスな青年なので、頑張ってほしい。

先日も、約半年振りに家庭訪問シタ。あいかわらず、ナイスな人柄だったので、弁当代四〇〇〇円を配給したら、大喜びだった。

激安、高利回りアパートメントをキャッシュで買えば、金利の支払いもないので、ある程度のリスクに耐えられる。**寛大な大家**にもなれる。どうしても心配な人は、家賃保証会社をつければいい。

ボロ物件に低家賃で入居してもらう

ボロ物件の場合、過剰なリフォームはいらない。しかし、人間が生きていくために必要な電気、ガス、水道は必ず点検して、不備があればすぐに直す。できるだけキレイに掃除もしたほうがいい。ボロ物件に入居を希望する人は、低所得者が多い。いわゆる、ワーキング・プア層や生活保護や母子家庭で、**国家からの援助**を受けている人々が多い。募集家賃に「鬼のような逆指値」（商標登録申請予定）を**入れられる**こともある。

ワタクシは、家賃の値引きを要求する入居者が好きだ。賃貸不動産屋にも、あらかじめ値引き幅を伝えておく。もし、極端な値引き要求が入った場合、まずは電話をするように伝えてある。家賃を下げさせて、結局は入居しないという、いい加減な人もいるが、多くは善良な人で、本当に生活に困っているが立派に生きている人々だ。看板を見て、直接電話をして、家賃の値引きを要求してくる人には、必ず聞くことがある。

「長く住めますか？」

人間の心理として、**長く住みたいから、家賃の値引きを要求**する人が多いようだ。

二〇万円の戸建物件の場合もそうだった。最初は四万三〇〇〇円で募集。数件、反応があった。約一カ月、この家賃で募集したが決まらず、三万九八〇〇円で募集。一〇名くらいの内覧があったが、駐車場ナシ、ケモノ道に接道というハンディ・キャップで入居希望者に転進された。最後に、看板を見た母子家庭の四人家族が応募。値引きを要求された。

「長く住めますか？」

ワタクシは聞いてみた。

「できるだけ長く住みたいです」

というわけで、清水の舞台から飛び降りるつもりで、家賃を月額三万七〇〇〇円に値引きした。入居前、シャワーを付けてほしいといわれたので、入居後二カ月以内に、シャワーを導入する旨を伝えた。前近代的な風呂で、水を風呂釜で沸かすタイプだ。おまけに、風呂は地下にあるので、水道管の取り回しも困難だ。多分、普通に導入すると、二〇万円くらい資本を投入しなければいけない。

結局、かつてこの物件の風呂釜を取り付けてもらった業者に見積もってもらった。見積額は一三万五〇〇〇円。早速発注した。入居前に工事が終わり、入居者も喜んでいた。

ワタクシの好む戦法としては、物件の家賃設定にもよるが、物件購入直後は、最低限のリフォームしかしない。そして、入居者が決まってから、入居者の要望に合わせて、リフォームする。**顧客第一主義**だ。

過剰にリフォーム代金を投入して、入居者がすぐ決まればいいが、半年以上決まらない場合もある。その場合、投入したリフォーム代金が固定される。また、**設定した募集家賃も、あくまでも大家の希望金額**でしかない。募集を開始して、ようやく適正な家賃がわかってくる。入居希望者がひとり目で決まる場合は、設定家賃が低いということだ。**一〇人内覧する人がいて、入居者が決まらなければ、設定家賃が高いということだ。**もしくは、物件に問題がアル。内覧する人が三人から七人目で決まる場合の家賃が適正だと思う。

賃貸不動産業者にも、なぜ決まったか、あるいは、なぜ決まらなかったかを必ず聞こう。物件に問題がある場合、すぐに修正しよう。いわば、内覧者に物件のアドバイスをしてもらうようなものだ。

ただし、明らかに購入時の設定家賃が低い場合、徹底的にリフォームを実施して、募集家賃を上げる場合もアル。そのためには、近隣の相場を常に把握しておこう。**地域のトレンド**に逆らってはいけない。

入居者が決まる条件、決まらない条件

これまでの体験から、入居を決定付けた要素がわかってきた。

・シャンプー、歯ブラシ、入浴剤、ヒゲソリ、せっけん、バスタオルなどのプレゼントを備え付けた
・カップ茶漬け二個の非常食プレゼント
・紅茶・コーヒーなどのプレゼント
・家賃値引き
・敷金ゼロ・キャンペーン実施中の広告
・自動販売機付き
・ナウでヤングなカラーリング（物件の外装）
・前入居者が残していった、机、イス、冷蔵庫、電子レンジをプレゼント

・ペット可、リフォーム自由で募集。ただし、ボロ物件のみ
・高級ナラ材、もしくはカバ材フローリング
・ウォッシュレットの便座に交換
・壁紙の張り替え

以上、募集家賃によって、リフォームの度合いを微調整スル。これくらいのことだけでも、入居率は大きく違ってくるはずだ。

逆に、入居者が決まらなかった要素を分析すると、次のようになる。

・家賃が高い
・汚い
・前入居者の飼っていた、ペットのニオイが残っている
・洗濯機の排水溝がナイ
・汲取り式便所
・和室が多い

・風呂が汚い
・駐車場がナイ
・古い

このうち、改善できるものは、すぐに改善した。満室で購入しても、**退去は必ずある。**その時こそ、**リフォームするチャンス**だ。

予算を考えながら、バランスのいいリフォームを実施しよう。家賃を上げるチャンスにもなる。しかし、中古アパートメントの場合、入居中の部屋は、ほとんど家賃を上げたことがない。

集客できないのは、あなたの努力が足りないから

不動産賃貸では、物件の立地条件が大切だといわれるが、大家にとって大切なのは**営業力と交渉力**だ。ワタクシ、現在であれば、多少条件の悪い物件でも、六カ月の猶予があれば、入居者を決める自信がアル。

管理会社に任せきりにせず、自分でどんどん営業しよう。賃貸業者を訪問したり、自費で広告を掲載したり、看板を製作しよう。入居者が決まらないことを**業者のせいにしてはいけない。あなたの努力が足りないのだ**。

他人の意見を鵜呑みにしてはいけない。自分自身で確かめよう。ハリウッド時代、「大空のサムライ」を映画化したいという野望を持っていた。日本海軍のエースで、撃墜王の坂井三郎氏に直接お会いし、お話を聞いたことがある。

「素人が玄人の意見を否定する。それが日本の現状だ」

どうやら、昔から現状は変わっていないようだ。無料のアドバイスは高くつく。ワタク

シも、仲介業者に散々いわれている。

「せいぜい、売り出し価格の五%しか値引きできない」

「そんな指値をすると、売主様が怒ってしまう」

こんなふうにいわれているが、現実に、売り出し価格の七八%引きで購入したことがアル。

仲介業者は、投資家ではナイ。物件価格が安くなれば、仲介手数料も安くなるから、値引きにはそれほど力が入らない。

また、銀行員の幼なじみからも、否定的な意見を受けている。

「そんな古くて汚い物件は、誰も住まない」

「古い物件はすぐに壊れる」

「そんなに儲かるのであれば、誰でも参入する」

しかし、現実には、古い物件でも入居者が決まった。**銀行員も、投資家ではナイ**。

営業力と交渉力があれば、若干、不利な物件でも上手く運営できる。このことを忘れないようにしよう。

第7章

自主管理のススメ

自主管理のメリット

ワタクシは、管理会社を通さない**自主管理**をすすめる。現在、所有物件は九棟あるが、すべて自分で管理している。けっこう大変だが、つとめ人時代の過酷な労働力投入を考えると、かなり楽だ。電話での打ち合わせを除けば、実働は月に一六時間前後だ。夏場はペンキを塗るので、もう少し「労働力投入」する時間が長い。

現在の家賃収入で、もし管理会社を入れるとしたら、毎月六万円前後の費用がかかる。その六万円分が、アルバイト代のようなものだ。

まず、一戸建てでは管理会社がいらない。特に、なぜか貸家に入居したがる人はキレイ好きが多く、自宅近所の戸建物件は、大雪が降った後もキレイに除雪がしてある。六棟目の戸建もそうだ。キレイ好きでよく働く奥様が入居すると、ありがたい。また、物件の近所に、定年したご両親が住んでいる場合など、アルバイト料を支払い、たまに掃除をしてもらえばいい。これなら忙しいつとめ人でもできる。

八気筒（八戸）以下のアパートメントも、自分で管理ができると思う。

自主管理のメリットは、**直接、入居者から自分の口座に家賃が入金される**ことだ。月の半ば頃、翌月の家賃を入金する人もいるので、財務がタイトな場合、運転資金に流用できる。新しい物件を購入する場合も、購入代金に充てることができる。

これが管理会社を入れると、ほとんどが月末締めの翌月一〇日払いとなる。入金日が、最大で約一カ月遅くなる。

約九割の入居者が、期日通りに入金する。残りの人は、少し遅れて、毎月ほぼ決まった時期に入金がある。月を越えて支払う入居者もたまにはいるが、まめな**電話連絡と家庭訪問で改善**された。面白いことに、毎月、入金される順番がほとんど同じだ。

たまに、入金は大家の口座で、大家から管理費を支払うシステムを採っている管理会社がある。選択できるのであれば、このシステムのほうがいい。すでに管理会社を入れている場合は、このシステムに変更できないか、交渉してみよう。

班長制度を導入した「女子限定アパートメント」

「女子限定アパートメント」には、**班長制度**を導入した。このアパートメント、八気筒（八戸）のうち六気筒（六戸）が同じ学校の女学生だ。二〇〇五年三月に購入して、初期の頃は休日にワタクシが掃除をしていた。

掃除に行くと、よく顔をあわせる女学生がいた。

髪の毛は派手な茶髪、**ムラサキ色のストッキング**をはいていて、昔の**スケ番風味ナ不良少女**かと思った。

しかし、話してみると、案外真面目で、アパートの状況をまめにメールで送信してくれた。

この頃、ワタクシはまだつとめ人だった。物件も三棟に増え、管理も多忙になってきた。

そこで、この女学生に、班長をやってくれないかと打診した。

「班長って、何をするんですか〜？」

「物件の状況をメールで送信したり、敷地内のゴミを拾ったりしてほしい」

「わかりました」

というわけで、初代班長に任命した。

通称・巨乳班長だ。

名前の由来は「図面舞踏会」のメンバーで、先輩の投資家である極東船長センパイ（ハンドルネーム）が命名した。ひとりでは大変なので、班長の親友のY美さんも一緒に掃除をしてもらうことになった。

二カ月に一度くらいの割合で物件を訪問した時に、二人にはアルバイト代として数千円ずつ渡していた。

物件の状況もマメに報告してくれた。特に、冬期は、積雪が多い日の翌日にメールをくれたので、除雪車の出動要請がスムーズだった。

卒業で退去する日、Y美さんは大泣きだった。それほど、この物件で過ごした青春時代が楽しかったのだろう。一〇人くらいの女学生に見送られ、Y美さんは父親が運転する車に乗り込み、二〇〇メートルくらい先の角を曲がって見えなくなるまで、手を振り続けていた。

感動的なシーンだ。まるで映画のようだった。

アパートの向かいのオジサンにいわれた。

「このアパート、アンタが三人目の大家だけど、アンタが一番、女学生に慕われているね。面倒見がいいよ。アパート前の違法駐車もなくなった」

ありがたい言葉だ。

Y美さんと同級生の初代班長も卒業した。引越しの日も、**ムラサキ色のストッキング**をはいていた。なんでも、卒業後すぐにボーイフレンドと結婚するとのことだったので、少し早かったが、結婚祝に一万円のご祝儀を包んだ。

女学生をアルバイトに雇う時の注意点

二代目班長は、この時、一年生だった。二年生になると同時に、班長に就任した。通称・美人班長だ。二代目の仕事は、すぐに始まった。退去した部屋の掃除だ。この時、六部屋入れ替えがあったので、大変だった。

ひとりでは大変なので、班長の親友の通称・ハルちゃんに手伝ってもらった。時給は一〇〇〇円＋能率給。

まず、退去した部屋を順番に掃除する。風呂・トイレの清掃だ。最初は、**イマドキのラップ系の音楽をラジカセで大音響**でかけながら、学校での内輪話をして、ケラケラ笑っている。ちゃんと仕事をしてほしい。しばらくして、ハルちゃんが風呂・トイレ担当、班長は壁の汚れを歯ブラシで磨く係になった。

「キャハハ！　汚れが落ちる、落ちる。面白い。アタシ、この仕事向いている～」

班長は、歯ブラシで壁を磨きながら、無邪気にはしゃいでいる。

二部屋目から、作業効率が格段にＵＰした。ワタクシが役割分担を決めることなく、自然と自分の配置につき、黙々と作業を開始する。洗練された女学生だ。

ワタクシがペンキを塗っていたら、美人班長がうらやましそうに見ている。

「ペンキを塗るの、面白そうですね」

「じゃ、やってみる？」

「え～、いいんですか？」

「仕方がない。特別だよ。ただし、**誰にもいってはいけない**」

ペンキを塗らせてみたら、案外、上手かった。ただ、ローラーに継ぎ手（通称・如意棒）をつけて壁を塗る時は、彼女たちでは力が入らなかったので、これはワタクシが担当した。

女学生たちは、**ケラケラ**笑いながらペンキ塗りの仕事をしていた。まったく、**つまらない仕事**だ。

アルバイト代として日払いで、時給一〇〇〇円＋チップを支払ったら、大喜びだった。

延べ五日間、働いてもらった。数日後、**ハルちゃんの靴が新しくなっていた**。多分、**配給**した**アルバイト代**で購入したのであろう。

「新しい靴、買ったの？」

「**エへへへ**、春なので買いました」

少し照れくさそうに笑った。

五部屋のリフォームが終了したのち、最後の一部屋のリフォームの前に、美人班長が**実家に帰省**してしまった。貴重な人材がいなくなり困った。しかし、その時は、ハルちゃんがひとりでナップザックを背負い、物件までアルバイトに来てくれた。その部屋は、床をフローリングにする工事を大工さんに発注していたので、トイレと風呂の清掃だけでよかった。大工さんと打ち合わせ中、ハルちゃんは掃除をしてくれた。**作業効率もUP**している。女学生のおかげで、大いに助かった。女学生も、アルバイト代が入ったので大喜びだ。大工さんは、若い女性が肉体労働をしていたので、驚いて目がテンになっていた。

三代目班長（当時副班長）には、**ケルヒャー**というゲルマン製の高圧洗浄機で、アパートメントの**洗浄を実施**してもらった。まだ肌寒い北海道の五月に、「労働力投入」だ。途中、寒さのため、鼻水を垂らしながらブルブル震えていたので、三〇分くらい休憩を与えた。「**ああ、野麦峠**」的なシーンだ。それでも「**頑張りマス！**」と健気に働いてくれる。休憩の間、仕方がないので、ワタクシが洗浄した。

さて、ここで女学生をアルバイトに雇う場合の注意点を書いておこう。

・半径二メートル以内に近づかないこと
・時として、部屋に上がることもあるが、正座してひざの上に手を置くこと
・用事が終わったら「オジサン、忙しいので」といって、すぐ帰ること
・何か聞かれても「ハッ、ハッ」と、**サムライのような返事**をスルこと

大家とはいえ、入居者と馴れ合いになってはいけない。また、若い女性なので、何か問題があってはいけない。**エロ大家**という噂が立ったら、営業できなくなる。

入居者に管理してもらおう

さて、一棟目に買った「Ｋｉ」は、つとめ人主体のアパートメントなので、特に班長はいない。

しかし、土木会社に勤務する入居者が、**無駄に長い**敷地内の塀を一・五メートルくらい削ってくれた。高さ八〇センチ、厚さ一二センチほどあった。会社から、塀を削る**エンジン付きの道具**を持ってきてくれた。日当は一万二〇〇〇円支払った。

別の入居者は、冬期の除雪を実施してくれる。この人も不思議な人で、どこからともなく**小型のブルドーザー**を持ってきて、除雪を実施してくれた。お礼として二万円渡し、一カ月分の家賃を免除した。

ただし、操作を誤って**物件の壁を壊して**しまったことがあった。ご丁寧にも、壁を直してくれたが、**少し色が違った**。かなりの出費だっただろう。

申し訳ないので、二〇〇七年からは、専門の業者に一回一万円で出動してもらっている。

小樽にある母の物件は、母子家庭の中学生に、除雪や草刈りのアルバイトをしてもらっている。自転車の**改造パーツ**が買えると喜んでいた。除雪もちゃんとやってくれる。

もし、あなたの所有物件が、自宅から離れていて掃除が大変な場合、よく人選をして、信頼のできる人に頼んでみよう。少し家賃が戻ってくるので、喜ぶ入居者もいる。これなら通勤時間もかからない。

管理会社に管理費を支払うよりも、**入居者に還元**するほうがいい。

少し多めに謝礼を払うと、感謝されるだろう。

入居者が新しい入居者を連れてくる

「女子限定アパートメント」の建っている場所は、人口一〇万人ほどの小さな街だ。したがって、大きな賃貸不動産屋さんはない。

購入時は、どのように客付けしているのかわからなかった。しかし、売主様に聞くと「毎年、**口コミ**で入居者が決まる」という。

最初は、大丈夫かなと思ったが、大丈夫だった。女学生たちが通っている学校には、近隣のアパートのリストがある。まず、ここに家賃と詳細を登録する。このリスト、ワタクシも持っているが、ライバルのアパートの家賃が載っているので、ありがたい。「女子限定アパートメント」は、下から二番目の家賃だ。

新入生は、このリストを見て応募する。応募があった場合、入居している女学生に連絡を取り、部屋の内部を直接見てもらう。この時、ワタクシは直接アパートに行かない。**女の子同士**で話し合ってもらう。

入居が決まったら、紹介してくれた女学生に謝礼を渡す。一人につき一万円が相場だと思う。不動産屋さんを通すと、一カ月分を支払わなくてはいけないので、お互いにありがたい。

また、新二年生は、**入居者の口コミ**で入居が決まる。

この場合は、すでにアパートに住む女学生の部屋に遊びに来ていることが多く、部屋の構造も把握しているので話が早い。昨年度は、二代目美人班長が、**四人も紹介**してくれた。ご祝儀として二万円渡した。

「こんなにもらって、いいんですか?」

美人班長は**大喜び**だった。ワタクシ自身も助かっている。

これも大家のつまらない仕事

本年度の入居者は、三代目のアイドル系班長が二人を紹介してくれた。その上、新入生の入居希望者に、部屋の内部を見せてくれた。ご祝儀一万円を渡した。

数日後、お礼のメールを打電したら、「何かご飯をご馳走してください」とメールが来た。仕方がないのでご馳走することになった。

「飢えた友達も一緒でいいですか?」というので、ＯＫした。

「貧乏な女学生二人を食べさせるのも、大家の仕事だ。まったくつまらない仕事だ」

こう思いながら待ち合わせの現場に行くと、三代目班長とその**ボーイフレンド**が出てきた。しかし、引き受けた手前、仕方がないので、焼肉をたらふく食べさせた。二人とも大喜びだった。本当に**つまらない仕事**だ。

のちにメールで入居者を紹介してくれたお礼を述べると、「来年、班長なので、頑張ります」と、**太陽と電球の絵文字**の入った返信が来た。ありがたい。

今年は、三代目のアイドル系班長と、飢えたそのボーイフレンドに、四部屋の掃除とリフォームのアルバイトをしてもらった。

「キャー、オシリ、突っつかないで～！」

ワタクシが一所懸命に台所の壁をペンキで塗っていると、叫び声がする。振り向くと、そのボーイフレンドが、ペンキを塗るローラー継ぎ手で、女学生のオシリを突っついている。困ったものだ。心を鬼にして、叱った。

「仕事中に、ふざけてもらっては困る。頼むから、仕事が終わって、ワタクシが帰ってから、ふたりでハシャいでくれ。真面目にやろう」

少し怒った。仕方がないので、「千の風になって」のテノール歌手・秋川雅史さんのモノマネで、替え歌を唄った。

「ワタシノ～　物件の中で　はしゃがないでクダサイ～♪　ワタシノ～　物件の中で　オシリヲ　ツッツッカナイデ　クダサイー～♪」

大声で唄ったら、一同爆笑。まったく、つまらないリフォームだ。

実働三時間半だったが、二人とも、まあまあ頑張ったので、ひとり五〇〇〇円**配給**したら、大喜びだった。

入居者は大家を助けてくれる

入居者と上手くコミュニケーションを取っていると、いろいろ助けてくれることがある。

まず、物件に何か問題が発生した時、すぐにメールや電話で連絡をくれる。

写メールで、屋根のセッピ（雪が風でせり出し、リーゼントのような状態になる。温度が上がると落下して危険）の写真を送ってくれた女性もいた。翌日、すぐに業者を手配した。つとめ人の自主管理の場合でも、メールのやりとりであればできると思う。緊急時以外はメールが便利だ。

「女子限定アパートメント」の入居者は地方出身者が多いため、入退去の時に、各地の農産物や海産物をいただくこともある。四棟目のアパートの入居者も出稼ぎから戻ってくるたびに、家賃とコシヒカリを届けてくれる。とても美味しい。年老いた母も喜んでいる。

戸建の管理は、入居者がやってくれる。ありがたい。

入居者は、単なるお客様ではなく、大家の管理を手伝ってくれる助っ人なのだ。

入居者に掃除を実施してもらおう

二〇〇七年三月、「女子限定アパートメント」の女学生が、卒業で退去した時、部屋に入ってビックリした。

ほとんどリフォームの必要がないくらい、キレイに掃除されていた。台所の換気扇も、取り外して洗浄してある。風呂場の排水溝も、部品を取り外して洗浄したようだ。唯一、日光で退色した壁紙をペンキで塗った。「労働力投入」時間は、一時間半だった。もうひとつの女学生の部屋も、同様にキレイになっていた。

実は、これには理由がある。

二〇〇七年一月、女学生のガスレンジの着火が悪かったため、インパクト・レンチに金ブラシをつけて、カーボンを除去し、再び快適な着火を取り戻す作業を行った。この時、女学生二人に、**お年玉**を五〇〇〇円ずつ**配給**した。

「この歳になって、お年玉をもらえるなんて、嬉しいですぅ〜♪」

お年玉に感謝していた。退去の時に、キレイに掃除してくれたら幸いですと伝え、ワタクシはその場を去った。

女学生は、約束通り忠実に掃除を実施してくれたようだ。女学生も、支払った家賃の一部が返ってきて嬉しい。大家としても、退去後のリフォームが少ないので楽だ。美装業者を入れると、一部屋あたり二万円から三万円かかる。お互いにメリットがある。

また、物件の巡回に行った時に、時々、入居者に会うと、自動販売機でジュースをおごったり、一〇〇〇～二〇〇〇円を食事代として**配給**したりしている。退去時にお父様から感謝もされる。

「娘が、大変お世話になりました」

大家として、これほど嬉しいことはない。

家賃回収には家庭訪問が大切

自主管理の問題点は、家賃の回収だ。現在、三十数名の入居者のうち、期日内に家賃を支払う人が三〇名、残り数名が、毎月、ほぼ同じ日数遅れて入金がある。月末まで待って、月が明けると「**家賃未入金のご案内**」の電話を発信する。この時、入金できる日付を聞く。ほぼ、これで入金される。

さて、やっかいなのは電話に出ない場合だ。一カ月くらいの滞納であればまだいいが、月を越えて滞納すると、次の支払いが大変になる。

こんな時は「**家庭訪問**」を**実施**する。二一時頃までの訪問であれば、問題はないようだ。アポイントメントを取らず、**突然訪問**する。ワタクシはひとりで訪問するが、複数で訪問するほうがいい。電気がついているのを確認し、チャイムを鳴らす。しばらくしてドアが開く。**この時、家賃の話はしない**。

「こんばんは。すみません、夜分遅く。実は、何度も電話したのですが、連絡が取れないので、**なにかあったのではないかと心配になって来ました**」

こういうと、滞納者はすぐに滞納した家賃のことで大家が来たと悟る。

「すみません、明日、家賃を振り込もうと思っていました」といって、奥から家賃を持ってくることもあるが、これは運がいい場合だ。

ひとりで訪問して怖くないかと聞かれるが、かつて、**銃弾うなるロサンゼルス**で、**もっと危険な体験**を何度もしてきた。鉄砲が出てこないだけ、まだマシだ。アメリカでの体験が、ここでも少しだけ役に立った。

家庭訪問をして家賃が回収できても、しばらくしてまた滞納が始まることが多い。ある入居者は、何度も電話をしたが、電話に出なくなった。ほとほと困りかけていたら、簡単に問題は解決した。二回目の家庭訪問の時に置いてきた名刺の携帯電話のメールアドレスに、滞納者の奥様がメールをくれたのだ。

「アルバイトが多忙で、電話に出られませんでした。家賃は○○日にまとめて二カ月分入金しますので、もう少しお待ちください」

案外、しっかりとした文章を書いてきた。早速、ワタクシもメールを返信。了解した旨を送り返した。

その後、期日通りに入金された。入居者と相談し、月末締め翌月分払いを、当月の五日払いに変更した。今では、滞納もなくなった。しかし、時々「ここが壊れた、あそこが壊れた」と電話が来る。ひょっとしたら、**敵の作戦**かもしれない。

教訓として、**男性の入居者は電話での連絡を好むが、女性の入居者はメールでの連絡を好む**。私の場合、新規の入居者には、必ず携帯のメールアドレスを聞く。ワタクシのメールアドレスと携帯電話の番号も教える。携帯メールは外出している時でも受信できるので便利だ。また、女性の入居者と緊急で連絡が必要な場合、メールで「今、お電話さしあげてもよろしいでせうか？」とメールを打電してから、電話を発信スル。**便利な時代**になったものである。

金八先生になろう

滞納者は、いろいろと家賃が遅れている理由を説明する。これを聞くのも大家の仕事だ。

・仕事を辞めてしまって、収入がない
・明日、支払おうと思っていた
・変なアダルトサイトの請求の人がアパートまで来ていて、部屋に入れない

などといった理由をいってくる。

時として、電話で三〇分くらい、言い訳を聞かなければならない。うん、うん頷いて、すべてを聞く。「アダルトサイトの請求の人」の場合、被害届を出したほうがいいとアドバイスしたが、それを嫌がった。どこまでが本当かわからないが、一応、聞く。これも**大家の仕事の一環**だ。

家賃が支払えない人の**共通点**として、サラ金などからの借り入れがあるようだ。もっと怖いオニイサンが回収に来ることもある。この場合、住所がなくなると、仕事にも影響することを説明する。どうしても**財務がタイト**なら、いったん実家に帰って財務を立て直し、その後、このアパートに空きがあったら、改めて契約しようと**提案する**こともある。

また、賃貸不動産屋のJ社の「劇団ひとり風味ナ店長」と一緒に、もっと**安い家賃のアパート**を探そうと提案したこともある。どうしても財務がタイトな場合、事前に連絡をくれるようにいっている。夜逃げされるよりはマシだ。一時的に財務がタイトであった人もいたが、今では立ち直り、滞納もなくなった。少しくらいの遅れなら、待ってあげよう。

ある程度、利回りの高い物件を購入していれば、遅れた家賃を待てると思う。ここでも、高利回り物件を購入する重要性と、「鬼のような指値」(商標登録申請予定)を入れて、**初期の段階でリスク・ヘッジ**する必要がある。つまり、あらかじめ**ロスを想定**するのだ。ギリギリの数字で物件を購入すると、購入後、トラブルが発生した時、それに対処できない。滞納が発生した時に、カリカリしてしまう。

入居者には寛大になろう。大家の仕事は、**金八先生のようなもの**と考えている。よく話し合えば、解決できる。

滞納常習者からのインタビューでわかった滞納対処法

二〇〇六年七月、小樽市の海の家で、トウモロコシを販売している山寺さん（仮名、当時三九歳）に出会った。

俳優の勝野洋氏を少し崩したような男前で、一見、ナイス・ガイである。しかし、よく聞けば、**家賃滞納常習者**であった。生ビールをご馳走したら、いろいろと封印した過去を教えてくれた。

滞納した理由は、実は金欠ではなく、**大家の督促が甘かった**からだという。最初に入居した物件では、入居三カ月目から約一年間滞納。大家が集金に来たが、そのたびに言い訳をして支払わなかったそうだ。結局、一年後に、突然鍵を交換されていたそうだ。その時に滞納額を全部支払い、退去したという。

二度目は、入居直後に滞納開始。なんとこの物件の大家さん、一年間、何も言ってこなかったそうだ。ちょうど一年後に、ようやく退去してくれといわれ、退去。この時は、あまりお金がなかったそうで、退去後、分割払いをしたらしい。

この山寺さん、なかなかのツワモノだ。過去にサラ金から最大で二〇〇〇万円の借金があったそうだ。

「大家の督促なんて、サラ金と比べると甘いモノです。サラ金はドアに『ドロボー』とか『金返せ！』と平気で**張り紙**をする。それから、近所の人に白い目で見られるようになった。この時、逆にサラ金の会社に電話をして『あなたの会社のおかげで、迷惑がかかった。家にも帰れず、仕事も辞めざるをえなかった』というのです」

こんな人が入居したら困る。しかし、山寺さんもいいところがあり、滞納者の対策方法を教えてくれた。

・滞納が始まったら、すぐに督促すること
・電話連絡、家庭訪問を実施
・三カ月滞納したら、引越しを促す
・滞納者との接触を多く持ち、支払期日を約束させる
・内容証明を出し、反応がなければ直ちに鍵を交換スル

・滞納する人は、法的な書類に弱い
・滞納者は、大家の優しさと応対の遅さに付け込む
・事務的に仕事を進める大家に弱い
・「お金がないのはあなたの問題です」といって、すぐに退去を促す大家に弱い
・一番困るのは、両手の指紋を取られる時

実は、この山寺さんに、室蘭市の戸建のリフォームを依頼シタ。一日五〇〇〇円で泊り込みの仕事だ。快く引き受けてくれたのだが、その後、何度連絡しても、電話に出ない。そして、いっこうにコール・バックがない。

やはり、**いいかげんな人**だった。

ちなみに、当時は、健康センターに長期滞在していた。今も元気でやっているのであろうか。アパートは借りられたのか心配になる。真夏の海辺の甘酸っぱい思い出だ。

自分が行かなくても問題解決するシステムをつくる

古い物件だと、時々、トラブルが発生する。多いのが**水道管と下水道**、冬期は除雪、水道管の凍結、屋根の雪の問題だ。この対処のために、事前に**地元業者リスト**を作成し、携帯電話のメモリーに入れておく。小樽にある三棟の物件は、大工のオオヤマさんに管理してもらっているようなものだ。なにか問題が発生すると、オオヤマさんに電話して、すぐに現場に向かってもらう。

二〇〇七年一月、小樽市オタモイにある八棟目の物件の一階の入居者から連絡があった。天井から水が漏れてきたとのこと。すぐにオオヤマさんに電話を発信して、現場に向かってもらった。

原因は、内勾配（無落雪建設・雪が敷地外に落ちないように設計）の屋根のダクトに落ち葉が詰まり、オーバー・フローしたためだと判明した。ワタクシが駆けつけた時には、すでにオオヤマさんは応急処置を終えていた。二階の空き部屋の天井が落ち、水がしたたっていた。困った。

しかし、ふと、保険に入っていたことを思い出し、保険屋さんに電話を発信。補修に数十万円かかったが、ほぼ保険でフォローできた。ありがたい。すでに書いた通り、現金で購入すると、保険も月払いができる。八気筒（八戸）以下であれば、保険料は毎月数千円ですむ。物件の決済が終わったら、すぐに保険に入ろう。事故が発生してからでは加入できない。

「女子限定アパートメント」の場合、売主様から、すべての業者をそのまま受け継いだ。中古アパートを購入する場合、そのまま**業者を受け継ぐ**ほうがいい。業者がその物件の履歴を知っているからだ。ストーブを交換した年度や、昔、下水が逆流した話をこちらから聞くこともなく教えてくれる。ガス会社を変更する場合、古い業者にガス配管工事代金を請求されたという話も聞いたことがある。注意が必要だ。素直に物件がまわっているのであれば、業者を変更する必要はまったくない。

アパート運営上のシステムは、できるだけ変更しないほうがいい。どうしても変更したいのであれば、数年後でもいいだろう。

問題が発生した時に、自分が現場に行けなくても、業者がすぐに物件に行ってくれるようなシステムを構築しておこう。

携帯電話があれば、出先からでも指示できる。入居者に「請求は大家に」と、工事に入る前に伝えておくと安心スル。業者には、「見積もりはＦＡＸで、緊急を要する場合は、電話で工事代金を伝えてください」という。

さて、ここで重要なことがある。大工さんや業者への支払いは、ワタクシの場合、当日か翌日、**すぐに支払う**。特に、初めての取引の場合、その点が重要だ。振込みカードもつくろう。次回からの送金がスムーズになる。遠方の場合は、工事前と工事後の**写真**を**請求書に同封**してもらおう。

遠方物件管理の問題点

つとめ人を卒業するまでは、自宅から半径五〇キロ圏内の物件を買うという自分なりのルールを持っていた。約一時間以内に現場に行ける距離だ。

つとめ人卒業後は、この半径を一五〇キロ以内に拡げたが、これは**失敗**だった。現場まで行くのが億劫になるからだ。満室の時は何も感じなかった距離も、いざ空き部屋が出ると気が滅入る。特に北海道の場合は、冬期は積雪があり路面が凍結するので、冬場の移動は慎重になる。賃貸不動産屋さんや、地元の大工さんを新しく開拓するのも大変だ。

しかし、ある程度キャッシュフローがあり、比較的新しく、信頼できる管理会社があれば、購入してもいい。

冬期に空き部屋が出ると、北海道の場合、水道管が凍結することがある。旭川の物件では、空いた一階の水道が凍り、二階の水が出なくなった。電話で旭川の業者に電話して、工事を依頼。工事完了後、郵送で請求書を送ってもらい、即日入金した。安い家賃の物件の割には修理代がかかる。遠方であると挫折しそうになる。

この物件、二〇〇六年三月に購入したときは、三気筒（三戸）満室、利回りは三八・七二％あった。満室でまわっていて、本当にいい買い物をしたと思った。しかし、売主様の離婚した元旦那である入居者が、購入の翌月から滞納しはじめた。最初は、名義変更直後に混乱して、入金ミスかと思った。ワタクシも人がいい。二万二〇〇〇円の家賃が払えないことはないと勝手に勘違いしていた。

しかし、その後、彼が二〇〇五年一〇月に、四〇〇〇万円の負債で、**自己破産**していたことを知る。三カ月目に一カ月分の家賃を入金するという、だらだらとした入金で、ついに二〇〇六年七月に**家庭訪問を実施**した。

この場合、**アポイントメントを取らず、突然、訪問スル**ほうが効果がアル。自宅から旭川のこの物件まで、走行距離一五五キロ。高速代、ガソリン代などの経費は、一回行くと二万円くらいになる。つまらない仕事だ。月額二万二〇〇〇円の家賃の回収のために、北に走る。

「やっぱり契約の時に、管理会社を入れておけばよかった」

走行中、後悔した。

滞納家賃を全額回収する

旭川の物件に到着後、二階の滞納者の部屋に行く。呼び鈴を鳴らしても、出てこない。三分くらい鳴らしても出てこないので、転進しようと思った。

しばらくすると、入居者が出てきた。五〇代後半のオジサンだ。少しびっくりしていたが、案外落ち着いている。さすが、**四〇〇〇万円の借金をトバした男**だ。

「電話を何度も発信しましたが、コール・バックがなかったので、なにかあったのではと心配になって来ました。年上のあなたに、こんなことをいうのもなんですが」

こう切り出して、三〇分くらい炎天下で話をスル。のらりくらりとかわされる。なかなかのツワモノだ。四〇〇〇万円の負債が返せなかった時、もっとコワイお兄さんが来て、過酷な回収を実施したのであろう。ある意味、**解脱**している。

身なりもきちんとしていて、案外、ナイス・ガイである。この時、どんな内容を話したかというと、

・滞納している三カ月分の家賃の支払方法
・その入金期日
・現在の財務状況
・建築設計の仕事なので、自宅で仕事ができるのでは？　と提案
・今後、いつまで入居予定か
・ちゃんと家賃を支払ってくれるのであれば、あと一〇年くらい住んでほしい
・保証人の連絡先（この場合、母親）

喫茶店に行って、お茶でも飲みましょうと誘ってみたが、却下された。滞納者は大家との接触を嫌がる。仕方がないので解散後、悔しさを紛らわすために、剥げた物件の外壁をペンキで塗った。なかなか頻繁には旭川に来られないからだ。

ペンキを塗っている途中で、滞納者は向かいの敷地の駐車場に停めてあった車に乗り込み、どこかに行ってしまった。駐車場の所有者の会社の人がやってきて、文句をいってきた。

「あの人は、勝手に車をここに停めている。駐車場代を払っていない」

いろいろなところで、**不義理なこと**をしているようだ。お金の支払いが悪いと、信用を失う。

その後、少し遅れて入金があったが、しばらくして、また滞納を繰り返した。滞納するたびに電話を発信。電話に出ないか、出てものらりくらりとかわされる。会社に電話してもFAXになっている。**滞納者は大家との接触を拒む**。その繰り返しが続き、結局、先方から切り出され、二〇〇六年一〇月には退去する申し出があった。

退去までに、滞納分は全額回収シタ。疲れる。その後、この人に電話したら、小樽で働いているという。

「小樽にもアパートメントがありますが、入居しますか？」

提案してみたが、却下された。聞けば、どうやらタコ部屋のような建築現場で、住み込みで働いているらしい。財務劣等生の末路だ。頑張って、再生してほしい。

遠方物件の教訓

滞納者が出て行って、ほっとしたのも束の間、今度は一階の優良な法人まで退去するという。あとで、この入居者は先ほどの滞納者の紹介で、物件売買の数カ月前に入ったと聞いた。最初から、**売主様の作戦**だったのかもしれない。嘆いても、後の祭りだ。これも新しい大家の仕事だ。つまらない。

もし近くであれば、もっと早い段階で解決できたかもしれない。物件を離れた場所に持つと、満室時はいいが、退去者が出ると面倒だ。特に北海道の冬の場合は寒いので大変だ。

救いなのは、購入後一〇カ月で、本体価格の二七%をすでに回収できたことだ。この原稿を書き終える二〇〇七年五月以降、旭川に二泊三日くらいで出かけて、物件のリフォームと賃貸業者への営業を実施する予定だ。この物件の財務の建て直しが必要だ。

現在、三戸中一戸入居で、現状利回り一一・四五%だ。ロットが小さいので、大した金額は残らないが、かろうじて物件を維持できる金額だ。入居者募集はしているので、この本を出版する頃には、満室になっていていてほしい。

【教訓】

・遠距離の古い物件は、手間がかかる
・高利回り物件でも、満室時月収七万一〇〇〇円なので、さほど手元にお金が残らない
・入居していた売主様の元旦那が、自己破産していたとは知らなかった。売主様も、早く縁を切りたかったのであろう
・距離を考えると、管理会社を入れるほうがよかった（特に古い物件だったため）
・**満室が未来永劫続くとは限らない**。しかし、空き部屋の多い物件を購入するよりも、少しはマシだ
・物件に到着するまでに、大家が疲れてしまうので、いい仕事ができない
・それまで自主管理で上手くまわっていたので、驕りがあった
・自主管理をする場合の半径を決めておく。一五〇キロ以内であれば、なんとか運営できるが、できれば半径五〇キロ以内に持ちたい。コンパスで、地図にあらかじめ円を描き、物件購入範囲を決めておく

終章　ハリウッドから大家さん生活へ

ワタクシが住んでいたアメリカの物件

ここで、かつて住んでいたアメリカ合衆国の住宅事情について書こう。

アメリカ合衆国のロサンゼルス市に、一九九二年一月から一九九七年一〇月まで住んでいた。

アメリカ滞在約六年の間に、七回引越しをした。一度、居住地を決めるまで、平均で一〇軒くらい物件を見た。この経験が、現在のアパート経営に役立っている。

一番気に入っていた物件は、一九九二年五月から一年間住んだ物件だ。ＬＡバレー大学という三流の公立大学に通っていた頃、バン・ナイズという地区の一軒家のマスター・ベッドルームを借りていた。プール付きだった。部屋は一六畳くらいのワンルームで、バス・トイレ付き。アメリカの風呂は、湯船が浅いタイプが多いのだが、ここの風呂は湯船が深く、ジェット・バス付きだ。シャワー室も別にあった。バス・ルームはすべて鏡張りで、寝室もひとつの面は鏡張りだった。床は、ピンクのカーペット。まるで**近代的なラブ**

ホテルのような**エッチな物件**だ。

家主のフェイという、当時、四〇代の女性と、その男前の息子で一八歳くらいのフレッド君と一緒に住んでいた。

飼い犬も二匹いた。**秋田犬モドキ**の「サミー」とドーベルマンの「トニー」だ。サミーは、特に可愛がった。テニス・ボールを追いかけてプールに飛び込み、ボールをくわえ、犬かきで戻ってくる。そして今度は、柄の付いた網で、サミーの鼻先一五センチくらいの場所にボールをぶら下げると、サミーは、ボールを追いかけながら三〇分くらい泳ぐ。次第に疲れてきて、沈みそうになる。その時、ボールを水面に落とす。サミーはそのボールをくわえてプールサイドに上がり、ボールをワタクシに届ける。その瞬間、またボールをプールに投げる。健気にもサミーは、再びボールを追いかけ、プールに飛び込む。その繰り返しだ。数カ月、この訓練を繰り返したところ、**サミーの筋肉は増強**し、ジャンプ力が増した。

高利回りの激安物件を見つけるのにも、こうした反復訓練が欠かせない。

夏の夜は、プール側の窓を開けっぱなしで寝ていると、朝、サミーは足元で寝ていた。ものすごく幸せな気持ちになり、思わず、抱きしめた。それまで、さほど動物を可愛がったことがなかったが、このサミーは可愛くて仕方なかった。

大学には、**黄金のメルセデス・ベンツ450SEL**で通っていた。半そでに短パン。サンルーフを開け、ボブ・マーレーのレゲエを大音響でかけながら通学。**ぶったるんだ生活**だった。**不良学生**だ。すでに、日本で大学を卒業し、外資系大企業に就職し、三年八カ月働いていた。出戻り大学生だったので、就職などどうでもよかった。俳優としての仕事を優先シタ。

プール付きの一軒家にメルセデス・ベンツ。一見、資産家に見えたが、**ニセモノの金持ち**だった。あの頃から資産を買っていれば、もう少し楽ができたかもしれない。ワタクシの経済状態を心配していた父も、もう少し長生きしたと思う。授業料を払えなくなった時、父の退職金から授業料を借りた。不動産が増えて、ようやく父へ借金を返せるようになった時、父はもうこの世にいなかった。家の手入れが趣味だった父が生きていれば、もっと不動産の維持が楽だったとよく考える。

もし、あなたのご両親がご健在であれば、是非、一家で「労働力投入」して、不動産の手入れをしてほしい。

アメリカのアパートメントはどうなっているか

デポジット（敷金）が一カ月分あれば、アメリカでは気軽に引越しできる。アングロ・サクソンは、移動の民族だ。引越しがしやすい国家でアル。歴史をひもといてみれば、三七五年のゲルマン民族大移動から始まっている。北方ドイツ、アングロ・サクソン七大王国、アメリカへと移動している。

ロサンゼルスの家賃はさほど安くない。レドンド・ビーチの1BR（ワン・ベッドルーム：リビングと寝室）のアパートメントは七四五ドルだった。一ドル一〇〇円前後だったので、辛うじて住めた。最後に住んだアパートメントは六〇〇ドル。1BRだった（一六畳＋四畳半くらい）。電動車庫、バルコニー付き。バルコニーに、プールを置いてはしゃいでいた。

一人暮らしであれば、STUDIOという、日本でいえば広いワンルームで十分だ。しかし、あまりこの大きさの供給がなかった。

対面キッチンも、アメリカでは当たり前で、最近、日本でも多く見られる。ロサンゼルスは真夏でも夜が涼しいので、あまりエアコンのある家はなかった。

アメリカで住居を決める時の基準は、風呂の快適さと、コンビニから近いこと。そして、フリーウエイのエントランス（乗り口）に近いことを優先した。

夜中に必要な食料をコンビニで補給していた。在庫は金利を生む。ＡＴＭも二四時間作動していた。コンビニのＡＴＭで出金する時、店内に怪しい客がいないことを確かめ、斜め四五度に体を傾けて、後方を確認しながらマシンを操作した。防犯対策だ。

「ＬＡ・ＴＩＭＥＳ」という新聞や、「デイリー・ブリーズ」という地元新聞で物件を探した。また、羅府《らふ》新報《しんぽう》（昔、ＬＡを日本人は羅府と呼んだ）という日本語の新聞や、スーパーマーケットの掲示板でも探した。この頃から、不動産を探すことが好きだった。しかし、物件を買う余力はなかった

ハリウッドで学んだ忍耐力と継続力

ワタクシは大学生のかたわら、難関をくぐり抜け、俳優のオーディションに合格した。それは「コカ・コーラ」のコマーシャルの仕事で、フロリダで撮影があった。そのため、大学の英語の女性教師に、欠席を申し出た。

「CM撮影で五日間、フロリダに行くので、授業を休ませてください」

「あなたは休みが多いので、今度休んだらドロップ（落第）よ」

「ワタクシは、役者の仕事を優先するので休みます」

こう啖呵を切ったら、まわりで見ていた日本人のクラスメイトは、

「あんなこと、先生にいっていいんですか？」

「かっこいい、サムライですね」

と賛否両論だった。

フロリダのシトラス・ボウルでのCM撮影のあと、学校に戻り授業に出た。四〇人くら

いのクラスで出席を取った時、最後までワタクシの名前は呼ばれなかった。完璧に無視された。

アングロ・サクソンは、融通のきかない民族だと感じ、失意のまま、教室を去った。

この時、ハリウッドでオーディションを受けることに専念しようと決心した。

その後、二〇〇本くらいオーディションを受け、受かった本数は五〇本。現場に行き、撮影した。そのうち、メジャーな仕事は一〇本くらい。マドンナや、ジャネット・ジャクソン、シンディー・クロフォード、坂本龍一氏、石橋凌氏などと仕事をした。HONDAやテカテ・ビールのCMにも出演したが、結局、最後は挫折して、猿岩石状態で帰国した。

しかし、**この失敗がのちの不動産投資に大いに役に立った**。

というのも、機械的にオーディションを継続して実施すれば、時々、大きな仕事に巡り合うことを体験したからだ。

要するに、**確率の問題**だ。

今は、物件のオーディションを毎日実施している。しかも、選ぶのはこちらだ。基準に満たなければ、買わなくていい。

いい物件を発見する方法がアル。あなたに、特別に教えよう。**誰にもいってはいけない。**

それは、できるだけ第一次オーディションで落とすことだ。いわゆる、書類審査だ。現在では、この段階で九〇％落とす。

残りの一〇％についてのみ、仲介業者に電話を発信スル。

この時に、電話でできるだけ詳しい情報を聞く。**物件の状態と売却の理由。指値が通るか**どうかを確認する。

図面を取り、冷静に利回りを計算して、基準に達すれば、すぐに現場まで見に行く。現在のワタクシの基準は、表面利回り三〇％以上。この数字が達成できれば、ＩＲＲなどの難しい計算は不要だ。もしくは、一〇〇〇万円以下になりそうな戸建が対象だ。

しかし、いい物件を一棟買うまでは、できるだけ物件を現場まで見に行き、経験を積むほうがいい。

物件を見れば見るほど、安く買える。

今後も、この単純な作業を続けていけば、さほど借り入れをしなくても、十分生活していけると思う。

借金せずに自由な人生を手に入れよう

世間では、レバレッジ、レバレッジというが、所詮は借金だ。借金しなければ購入できない物件もあるが、できるだけ少額にしよう。先ほどあげた方法を繰り返していれば、借金などすることはない。

借金は返済するのが大変だ。億単位の借金を、二〇年から三五年も継続して返済するのは気が遠くなる。

「いざとなったら、破産してしまえばいい」

「いざとなったら、周囲が支えてくれる」

という若い投資家もいるが、道徳心を疑ってしまう。

ワタクシも、返さなくてもいいのであれば、一〇〇億円くらい借りたい。アメリカと違って、日本では、破産すると世間が許さない。

ほとんど借金がなく、毎月一〇〇万円くらいの収入があれば十分ではないだろうか。

ワタクシ、総投資金額は三三七五万円だ。この金額で、つとめ人を卒業し、ほぼ引退している。キャッシュフローを次の物件に投入してきたため、本当はもっと少ない。元をただせば、アメリカから帰国した時の所持金は二〇〇〇ドルだ。

毎月の「労働力投入」時間は一六時間前後に過ぎない。

朝の七時くらいまで執筆活動。一四時頃に目覚まし時計をかけずに起床。アンニュイな午後に「ザ・ワイド」のスーパー草野君を観ながら、業者に電話を発信。必要があれば現場に向かうが、八〇％は電話で仕事が終わる。

毎月、一〇万円分くらい書籍を購入して、マクドナルドで勉強スル。コーヒーのおかわりができるのでありがたい。

そんな、だらだらとした、くだらない人生だ。

しかし、安い給料なのに早起きして、アタマの悪い上司に、変な作戦を指示されていた頃よりマシだ。

この**くだらない生活**を手に入れるために、**必死になっていい物件を探した**。

事情が許せば、再びアメリカに上陸して、ハリウッドでオーディションを受けたいと思っている。今度は、仕事が取れなくても平気だ。

つとめ人を卒業スル方法

ワタクシは、つとめ人を卒業するために、不動産を購入シタ。

自分の人生を、自分でコントロールしたかった。アタマの悪い上司の「変な作戦」で玉砕したくなかったからだ。

だらだらとした、くだらない人生を送りたかった。ハリウッド時代のように。

そのため、つとめ人のまま「労働力投入」をしながら、物件を必死に探した。特に、つとめ人を卒業するまでの二年間は、平日は会社の仕事、帰宅後は物件検索。休日は物件調査とリフォームで、休みがなかった。

初期の頃は、脳梗塞で知能指数の低下した父を後部座席に乗せ、一日五棟の調査を実施したこともアル。

根性と情熱があれば、必ず、いい物件は入手できる。

物件を購入するまで、煩悩を捨て、集中することだ。いい物件が出てくるまでは、本を読み、セミナーに出席して、知識を高めよう。ブログを書くのもいい。「図面舞踏会」のメンバーが見つかる。ワタクシも楽天ブログで、CASHFLOW101のハンドル・ネームで随筆を書いている（http://plaza.rakuten.co.jp/investor101/）。

随筆を書くことによって、**不動産投資仲間が増える**。あなたも、随筆を開始しよう。面白い随筆であれば、ワタクシの随筆にリンクしてもかまわない。

スムーズにつとめ人を卒業する方法は、つとめ人の時代に、アパートメントや貸家を購入しておくことだ。そのためには、節制した生活を送り、貯金を増やそう。

「投資するお金がない」という人に限って、新築の自宅に住み、二〇〇万円くらいの中途ハンパな新車を乗り継いでいる。そんなことでは、いつまで経っても、つとめ人を卒業できない。こらえ性がナイ。**財務劣等生**だ。

早ければ二年以内に卒業できる。

卒業する予定日を手帳に書こう。不動産からの収入が給料の二倍になれば、卒業してもいいと思う。あとは、好きな仕事をしよう。必要があれば、アルバイトを実施してもいい。働かなければダメ人間になるという人もいるが、そういう人は朝刊の新聞配達がいい。体も鍛えられる。

今の日本では、平日の昼間に時間がある人が文明を享受できる。

平日なら飛行機や宿も安いし、空いている。つとめ人なら土日しか旅行にいけないが、土日は高いし、混雑している。

たった一度の人生だ。

朝から晩まで働くよりも、自分の資産のためにだけ働き、空いた時間は自分の好きなことをしよう。

ワタクシの月収は、つとめ人を卒業して四倍から六倍になった。金融機関からの借り入れの比率は、総資産額の約三%だ。

紙の資産と不動産

ある程度、アパート経営が軌道に乗った頃、紙の資産を勉強しようと思い、二〇〇五年一二月、初めて株を買った。「ライブドア」株だ。五八五円で購入し、その直後に七九二円まで上がった。

「株の才能もあるかもしれない」

有頂天になっていた。しかし、その後暴落。一瞬にして、紙くずになった。株主総会に出席して騒ごうかと思ったがやめた。理由は、初めての株式投資だったので、一〇株しか買っていなかったからだ。被害総額は五八五〇円。最近まで、株主総会の案内が来ていた。

ホリエモンに翻弄された。

外国為替（ＦＸ）も二〇〇七年一月から開始したが、負けが続いている。これも、ＦＸの口座に入っている金額は一五万円だけだ。

こうした失敗から、紙の資産の基本的な用語と仕組みはある程度理解できた。

しかし、ワタクシ、恥ずかしながら、**紙の資産の才能はまったくナイ**。どうやら、不動産に集中したほうがよさそうだ。

紙の資産には、瞬発力と流動性がアル。ペンキを塗るわけではないので、体も疲れないし、汚れない。紙の資産で、コントロールできるのは、買うタイミングと売るタイミング。そして、買う品目だ。自分だけ安く買うことはできない。

紙の資産に対して、不動産の流動性は悪い。瞬発力もさほどナイ。しかし、それは洗練された投資家にとってのメリットだ。不動産は一対一の取引だ。売主と買主が合意した金額が、販売価格となる。だから、「鬼のような指値」（商標登録申請予定）を入れることもできる。

また、リフォームを実施することによって、資産価値を上げられる。収益物件であれば、売却しなければならない場合でも、家賃収入があるので、売却のタイミングを待てる。

それに、不動産は、人間が関わっているので、物語がアル。たまに変な入居者もいるが、ほとんどがいい人だ。いい入居者や優しい近所の人々に巡り合うと、これほど幸せなことはナイ。

人間的にも成長させてくれる。

戸建物件が好き♪

最近、アパートメントの価格が上がってきている。ワタクシは二〇〇五年くらいから、アパートメントと並行して、戸建も探し始めた。

ワタクシは、戸建が好きだ。戸建にはメリットとデメリットがある。

【戸建のメリット】

・大幅な値引きができる可能性がアル
・市場での需要が高い
・やや立地条件が悪くても、入居者が決まる
・入居者に物件を管理してもらえる
・いつか売却しなければいけない時でも、自分で住む人も購入するので市場が広い

【戸建のデメリット】

・古い物件であれば修繕費がかかるが、家賃に対しての修繕費の比率が高い場合がアル

ワタクシ、現在は、戸建であれば多少条件が悪くても、半年以内に入居者を決める自信がアル。

古い戸建は、駐車場のスペースがない場合があるが、塀を壊して、切り込み砂利を敷き、駐車場をつくることができる。

五棟目に買った戸建物件も、このようにして駐車場をつくった。無駄に盛土がしてあり、センスのない樹木が植えられ、手入れがされていなかったので、枝が伸び放題だった。そこで、入居者が決まってから半年後、**貯めた家賃**で敷地の改造を実施シタ。植木を切り、盛土を削り、切り込み砂利を敷いた。業者にイラストを描いて渡し、マル投げシタ。費用は一七万円だった。

コンクリートで周囲を固め、アスファルトを敷く場合の見積もりは六〇万円だったので、かなり安く抑えられた。この改造で、さらに三台くらい車を停めることができるようになった。合計五台くらい停められる。北海道は積雪時、道路幅が狭くなるので、この駐車

場開拓は近所の人々から好評だった。

戸建を買う時は、庭を改造したら駐車スペースができる物件を買おう。アメリカの物件は、フロントに車を四台くらい停められるスペースがある。新築する人は、フロントに二台分以上の駐車スペースを設けよう。

裏庭なんか不要だ。空いている駐車スペースに植木を植えよう。家庭菜園より、野菜はスーパーマーケットで購入するほうが安上がりだ。

趣味に走ってはいけない。実用的な物件にしよう。

家は、できるだけ道路から離して建てよう。

アパートメントを建築する場合も同じだ。古いアパートメントで、駐車スペースが無駄になっている物件が多すぎる。業者のいわれるままに建てた大家が多いのであろう。

ただし、ワタクシは中古アパートメントを購入する場合、**それを理由に値引き交渉スル**。

激安アパートを経営スル方法

時間が許す限り、自分でアパートメントを管理しよう。これは、つとめ人を卒業したワタクシの生き甲斐でもアル。

入居者と直接会うと、市場の動向がよくわかる。所有物件の入居者の生活レベルを知ることもできる。

すべての入居者が新築物件を好むわけではナイ。ボロ物件でも、家賃が安ければいいという入居者も多数いる。

「壁紙の張り替えは不要なので、その分、家賃をマケてほしい」

リフォーム前に内覧して、提案してきた入居者もいた。そのほうが、ワタクシも出費が抑えられるので、ありがたい。

また、自分で賃貸不動産業者を営業することによって、市場のトレンドがよくわかる。高齢者の大家、もしくは、ご先祖様から引き継いだ土地に物件を建てた大家は、物件が老朽化してもほとんどリフォームしないそうだ。不動産業者がいくら提案しても、行動しないらしい。家賃収入が若干減っても、痛みを感じないようだ。ある意味、生ぬるい業界でもアル。

だからこそ、逆に、若い世代の大家の感性を、物件にフィードバックできれば、確実に入居者のハートをつかむことができる。

不動産管理会社に運営をマル投げすると、運営は楽かもしれない。入居者からのクレームの電話もないだろう。しかし、肝心な部分が握りつぶされているかもしれない。それに、手数料もかかる。自分でやらなくてもいいということは、その分、中間業者に搾取されているということだ。そのために、大家が**巨額の借金**を背負うことになる。ある程度の規模になるまでは、自分で管理してみよう。管理会社を入れるのは、それからでもいい。

ワタクシは二〇〇七年三月現在で、九棟三四戸を所有しているが、すべて自分で管理している。多分、五〇戸くらいまでは自分でできると思う。今後、管理会社を入れる可能性もあるが、遠隔地の物件か、もしくは、海外に長期で住む場合だろう。物件の地元業者の電話番号があれば、海外に住んだ場合でも、ある程度は管理できると思う。

おわりに

最後まで読んでくれてありがとう。

激安&高利回り物件の入手方法は、ひと言でいうと、「もともと売り出し価格の安い物件に対し『鬼のような指値』を入れて購入スル」ということだ。

ただし、すべての物件に対して「鬼のような指値」（商標登録申請予定）を入れても通用しないし、売主様や仲介業者を激怒させてしまう。

また、満額で購入する人が現れたら、購入できない。

さらに、購入できたとしても、マネジメント能力がなければ、収益は上げられない。

レバレッジをかけて資産を増やすのは簡単だが、借金の返済が大変だ。二〇年や三〇年の長期にわたって一定額を返済し続けるのは、気が遠くなる。

いきなり最初の物件から億単位の借金をするのも、ある意味、サムライだ。

銀行に金利を支払い、不動産業者に手数料と管理費を支払い、国家に固定資産税を支払うと、ほとんど手元に残らないはずだ。

そんなささやかなリターンに対し、巨額の借金を抱え、数十年も金利の上昇と空き部屋とリフォーム代の支出に怯えながら、維持できるのであろうか？

ほとんどの人々が太い物件を一棟購入すれば、それでアガリだと思っているようだが、不動産はそんなに甘いものではない。複数所有しなければ、経済的にアガリになれない。

アパートメント経営で重要なのは、「経営を維持スル」ことと「破綻しない」ことだ。最初は、安い物件を購入して、大家になる訓練をしよう。ペンキを塗ったり、庭に砕石を敷いて駐車場に改造したりして、不動産を楽しもう。

入居者募集の営業活動も大切だ。この部分を体験せずに、いきなり大家になっても、あとで苦労スル。

株やFXなどの紙の資産と違い、不動産は相対取引だ。売主と買主が合意した金額が、売買価格になる。また、極めて地域性が強い取引なので、その地域に詳しくなければ、参入できない。さらに、よほど太いロットでなければ大資本も参入しないため、ライバルが少ない。流動性が低く、手間がかかるのも、ライバルが少ない理由だ。

激安物件は古い物件が多い。そんなに古い物件を購入して、リフォームにお金がかかるのではないかと心配する人もいる。

確かに、リフォーム代はかかる。しかし、リフォームの支出は一時的なものだ。ローンのように毎月支払わなくていい。致命的な欠陥でなければ、お金が貯まるまで待つこともできる。物件購入前にチェックもできる。また、アパートメントを運営しているうちに、安くて腕のいい大工さんに知り合う可能性もアル。

物件を所有してみるとよくわかるのだが、多少、条件の悪い建物でも、入居者が決まることがアル。母子家庭、生活保護、家庭内暴力、ワーキング・プア、離婚。

必ずしも、ナウでヤングな新築物件に、高い家賃を支払って住む人ばかりではナイ。

ボロ物件に自分自身で「労働力投入」して再生させる。そして、住居を必要としている人に相場より安い家賃で貸すことによって、社会に貢献しているという実感がアル。

ハリウッドで挫折して、無一文で帰国した人間失格のワタクシでも、世の中に貢献できるのだ。

日本の社会では、つとめ人の給料で稼ぎが少ないと、人格が否定される場合がアル。

しかし、投資の世界では、そんなことはまったく関係ナイ。激安&高利回り物件を購入すれば、誰にだって収入を上げるチャンスがアル。

ボロ物件に自分の好きな色でペンキを塗ったり、自分好みに改造したりすれば、それだけで楽しい。芸術的な表現が可能だ。人生がワクワクする。

日本では、まだ残存価値を残したまま、空き家として放置プレイを実施され、その後、解体される物件が多すぎる。もったいないことだ。


国家と住宅メーカーは、新築を建てることを奨励し、善良なつとめ人が巨額のローンを組んで、夢を抱いて自分の家を新築で建てる。

しかし、かつて暮らしていたアメリカでは、住宅を新築している場面にほとんど遭遇しなかった。築五〇年以上の物件が平気な顔をして売買されていた。また、アメリカ人は、住みながら自分で物件を修理する。

アパートメントを借りるときも、築年数を聞いたことはなかった。

毎月一〇万円以上の住宅ローンを支払うよりも、中古住宅に住んだり、ボロ物件を貸家にしたりして、いつも財布に一〇万円以上入っているほうが、人生が楽しいのではないだろうか？

長期の住宅ローンを組むと、つとめ人をなかなか卒業できない。病気やケガをしても無理して出社しなければいけない。

アタマの悪い上司の変な作戦にも従わなくてはいけない。

また、転職した場合も、自宅から通える範囲で新しい職場を探さなければいけない。

もう、ここから絶対に動かないと決めた時点で、自分の家を購入しても遅くはナイ。それでも、どうしても家が欲しい時は、一〇〇〇万円以下の中古住宅を購入して、一〇〇万円くらいかけて自分好みにリフォームして住めばいい。

自分で住む家を買う前に、まず、激安&高利回り物件を購入して、早くつとめ人を卒業しよう。そして、自分で自分の人生をコントロールしよう。

全国各地で「鬼のような指値」（商標登録申請予定）を入れて、上がってしまった不動産の価格を下げる運動を実施しよう。

今後、国家と会社があてにならない時代に突入スル。

ワタクシ自身も二〇〇六年一月まで、出版社に勤務するつとめ人だった。

安い給料で過酷な労働に耐えた。働けど、働けど、給料は上がらなかった。変な部長の職権を濫用した「イヤガラセ」にも遭った。挙句の果て、会社が三億円をノン・リコースローンで借りた「社運を賭けたプロジェクト」が玉砕し、財務が悪化。

その結果、北海道と九州の支店が閉鎖になった。「こんな会社、辞めてヤル！」といおうとした直前に、

「不景気だから辞めてくれ」といわれた。

悔しかった。残業代も出ず、あの過酷な「労働力投入」をした日々は、なんだったのだろうか？　精神は消耗し、肉体は磨耗シタ。

……五年半も働いたが、なにも残らなかった。

しかし、その時点で、アパートメントを四棟所有していた。すでに、つとめ人の給料をキャッシュフローが上回っていた。

つとめ人最後の日、札幌駅で別れ際、変な部長にこういった。

「今までお世話になりました。収入のほうは、アパートメントを四棟所有しているので大丈夫です。しかも、すべて現金決済です。少し前から、給料をキャッシュフローが上回っていました。黙っていてすみません。部長も、会社で頑張るより、物件を購入したほうがいいですよ」

さわやかな笑顔で別れた。変な部長は、目がテンになっていた。
すがすがしい、つとめ人の卒業式だった。
不動産のおかげで、円満につとめ人を卒業できた。

ハリウッド俳優として挫折し、猿岩石状態で帰国。帰国後も貧乏生活が長かった。つとめ人の給料も激安だった。しかし、その数々の苦労が、現在の「鬼のような指値」を入れて、激安&高利回りアパートメントを経営スル方法に役立っている。きっと、大家になるための試練だったのかもしれない。

たったひとつの心残りは、ワタクシの財務を心配しながら死んでいった父の生前に、今の姿を見せられなかったことだ。ただし、現在、同居している年老いた母に、亡き父の分まで親孝行している。

ハリウッド時代の末期と、帰国してからの約三年間、うだつのあがらない日々を過ごしていた。そんなときでも、母は決してワタクシを見捨てなかった。そんな母への恩返しのため、母の物件も探し当て、売り出し価格から四〇〇万円引き、二五%ＯＦＦで購入して、現在、十分なキャッシュフローを得ている。

まだ、ご両親が健在な人は、家族で「労働力投入」して、アパートメント経営を成功させてほしい。多分、家族の結束が強まるだろう。

ワタクシ自身の今後の目標は、時々、物件のペンキを塗って、月に一度くらい「図面舞踏会」を実施して、不動産の話をスル。夜中まで随筆を綴り、昼寝を実施スル。たまに、講演会で「激安&高利回りアパートを経営シテ、つとめ人を卒業スル方法」を伝授スル。

そんな、だらだらとした、くだらない人生を過ごしたい。

そして、もう少し貯金が貯まったら、いつかまたハリウッドに戻り、オーディションを受けたい。今度は「アメリカでレバレッジをかけて、ＬＡのビルを買いまくる日本人」の役があれば、合格すると思う。

二〇〇七年五月
桜が満開の北海道の自宅にて

随筆家 兼 激安不動産投資家　加藤ひろゆき

参考文献

おススメの書籍

ロバート・キヨサキ『金持ち父さんの若くして豊かに引退する方法』（筑摩書房）

金持ち父さんシリーズの中で、一番いい本だ。特に、**三〇九ページの七行目からは、暗記**してほしい。不動産の購入方法が具体的に書いてある。ワタクシは、この本をボロボロになるまで読んだ。また、三一二ページの、四万三〇〇〇ドルの物件に対し、二万四〇〇〇ドルで買い付けを入れる描写はすばらしい。売り出し価格の五五・八一％で買い付けを入れている。ロバート・キヨサキ氏が金持ちになった理由は、ここにアル。

ワタクシの「鬼のような指値」（商標登録申請予定）は、ここから来ている。今では、キヨサキ氏よりもひどい値段で買い付けを入れる時もアル。「鬼のような指値」を入れた五五万円の戸建物件は、二五〇万円の売り出し価格に対して、一六%の四〇万円で買い付けを入れている。

二〇万円の戸建物件は、五〇万円の売値に対して三〇%の一五万円で買い付けを入れた。

藤山勇司『サラリーマンでも「大家さん」になれる46の秘訣』(実業之日本社)

二〇〇三年八月に初版を購入シタ。ロバート・キヨサキ氏がアメリカ市場で物件を購入しているのに対し、藤山氏は日本の市場にマッチしている。また、人間的にもすばらしい。

山田里志『実録サラリーマンの私にもできた! アパート・マンション経営』(かんき出版)

巻末の**投資金額に対する月々の手取り金額の表**がすばらしい。この**金額を暗記**しよう。利回り一二%、二〇〇〇万円、二〇年フルローン、金利三%だと、毎月五万円しか手元に残らない。二〇万円の家を現金で購入して、毎月三万七〇〇〇円のほとんどが残るほうがマシだ。

須田忠雄『日本一不動産を買う男』(経済界)

「株式会社やすらぎ」の社長が書いた本。競売で入札して、リフォームを実施して再生、市場に送り出すという作戦。ワタクシがやっているのは、この個人版。ただし、競売ではなく市場で購入し、売却ではなく、貸家にして保有する。競売物件の開札の時、やすらぎの社員と、裁判所の法廷で遭遇したこともアル。その時、市場に出てくる物件を安く買うほうがいいとアドバイスしたこともあるが、よく理解できなかったようだ。

朝日新聞社編『民力』(朝日新聞社)

全国市町村の人口、産業比率、流出人口などが詳しく載っている。一冊五〇〇〇〇円と高価だが、あれば便利。現地調査前に予習ができる。

「古地図」（(財)日本地図センター）

ワタクシは、札幌市の古地図を持っている。明治・大正・昭和初期・昭和後期・平成の地図がセットになっている。昭和の初期まで、河川の灌漑が未整備で、豊平川や石狩川が氾濫していた歴史がよくわかる。現在は埋め立てられ、住宅地になっている場所も多い。札幌でいうと、東区、白石区、北区、手稲区の北側は要注意だ。出水地域というのは、かつて蛇行していた川の付近が多い。現在は、ほぼストレートに整備された川にも歴史がある。古地図を読んで、土地の歴史を知る。不動産業者でさえ、知らない人が多い。

坂井三郎『大空のサムライ』（光人社）

物件を探す根性が養える。

おススメのＣＤ、教材

ロバート・キヨサキ「不動産投資の極意」（ゲーム「キャッシュフロー202」の付録のＣＤ）

ロバート・キヨサキ氏とドルフ・デ・ルース氏の対談ＣＤ。ゲームのオマケのＣＤだが、すでに市場でプレイしているので、ゲームをしたことはない。ただ、このＣＤは、今まで、**三〇〇〇回以上聴いた**。ワタクシにとって、**一枚一〇〇万円以上の価値**があった。「鬼のような指値」（商標登録申請予定）の原点は、このＣＤを日本流にアレンジしたものだ。

浦田健氏のＣＤ

資産一〇〇億円の月村さんとの対談ＣＤはすばらしい。入居者に掃除を依頼して、家賃を値引きする方法を話している。ワタクシの入居者にアルバイト代を支払って、リフォームを手伝ってもらう方法は、この作戦を応用シタ。

CASHFLOW101こと加藤ひろゆきのCD

「利回り三〇％超えのアパートメントを入手スル方法！」
「鬼のような指値」シリーズ
「NSXアパート経営」jm4822こと松田ジュン氏との対談
ワタクシがリリースしているCD。http://cf101.chu.jp/index.html もしくは、グーグルで「加藤ひろゆき」か「CASHFLOW101」で検索すると出てくる。インターネットで一部を無料で試聴可。ワタクシが、どのように激安&高利回り物件を入手したかをわかりやすく具体的に話している。カリスマ投資家「うっちゃん」や「jm4822こと松田ジュン氏」との対談も、リスナーから好評。近日中にダウンロード版も発売予定。

ロバート・アレン「聴く！ 億万長者入門」（きこ書房）

レッスン4、レッスン5の「不動産でお金を稼ぐ」の部分が重要。CDを繰り返し聴こう。二倍速なので時間の節約にもなる。

[著者]

加藤ひろゆき（かとう・ひろゆき）

1965年生まれ。北海道出身。北海道在住の随筆家 兼 激安不動産投資家。

大学卒業後、神奈川県で某大手外資系企業に勤務。横須賀市で生死にかかわる交通事故に遭い、人生について考える。その後、渡米しロサンゼルス・バレー大学に通いながら、ハリウッドで俳優を目指す。マドンナやジャネット・ジャクソンのミュージック・ビデオ、ホンダやコカ・コーラのCM、映画などにも出演。受けたオーディション約200本。うち、出演した番組約50本。米国スクリーン・アクターズ・ギルド（俳優協会）のメンバー。

約6年間、アメリカ合衆国に滞在。しかし、後半は貧乏こじらせ、学費を払えなくなり大学も中退。飢え死に寸前で祖国日本に帰国。その時の所持金はたった200ドル。

帰国後、再渡米を目指し、うだつの上がらないアルバイト生活や、過酷な労働と激安な給料の会社員生活を送るが、不動産投資に目覚める。2004年7月、1棟目のアパートを購入後、2年1カ月で9棟の物件を現金で購入。平均利回り32%以上。最高利回りは222%。現在は北の大地で、所有物件を管理しながら、だらだらとしたくだらない人生を送っている。

CASHFLOW101のハンドルネームで、随筆をほぼ毎日執筆中。

ブログ　http://plaza.rakuten.co.jp/investor101/
HP　http://cf101.chu.jp/index.html
メールアドレス　cashflow101ss@yahoo.co.jp

ボロ物件でも高利回り
激安アパート経営
――入居率95%を誇る非常識なノウハウ

2007年6月14日　第1刷発行
2024年5月30日　第18刷発行

著者――加藤ひろゆき
発行所――ダイヤモンド社
〒150-8409　東京都渋谷区神宮前6-12-17
https://www.diamond.co.jp/
電話／03・5778・7233（編集）　03・5778・7240（販売）
装丁――渡邊民人（TYPE FACE）
DTP――荒川典久
製作進行――ダイヤモンド・グラフィック社
印刷――堀内印刷所（本文）・新藤慶昌堂（カバー）
製本――ブックアート
編集担当――田口昌輝

ISBN 978-4-478-00154-7